中国特色能源电力
碳达峰碳中和道路

谱写中国式现代化绿色低碳篇章

国网能源研究院有限公司　著

中国电力出版社
CHINA ELECTRIC POWER PRESS

图书在版编目（CIP）数据

中国特色能源电力碳达峰碳中和道路：谱写中国式现代化绿色低碳篇章 / 国网能源研究院有限公司著 .
—北京：中国电力出版社，2023.7
ISBN 978–7–5198–7999–0

Ⅰ . ①中… Ⅱ . ①国… Ⅲ . ①电力工业 – 二氧化碳 – 节能减排 – 研究 – 中国 Ⅳ . ① F426.61 ② X511

中国国家版本馆 CIP 数据核字 (2023) 第 130000 号

出版发行：中国电力出版社
地　　址：北京市东城区北京站西街 19 号（邮政编码 100005）
网　　址：http://www.cepp.sgcc.com.cn
责任编辑：刘汝青（010–63412382）
责任校对：黄蓓　常燕昆
装帧设计：张俊霞
责任印制：吴迪

印　　刷：三河市万龙印装有限公司
版　　次：2023 年 7 月第一版
印　　次：2023 年 7 月北京第一次印刷
开　　本：787 毫米 × 1092 毫米　16 开本
印　　张：13
字　　数：261 千字
印　　数：0001—1500 册
定　　价：238.00 元

声　明

本书由国网能源研究院有限公司能源电力碳达峰碳中和路径研究团队编写，由国网能源研究院有限公司享有完整的著作权，书中的观点和判断仅代表编著者的研究与思考。如基于商业目的需要使用本书中的信息（包括书中全部或部分内容）的，应经书面许可。本书中部分文字和数据采集于公开信息，相关权利为原著者所有，如对相关文献和信息的解读有不足、不妥或理解错误之处，敬请谅解。

本书编写过程中，欧阳昌裕、李伟阳、王耀华等领导付出了大量宝贵时间和精力与编写组开展深入交流和讨论，在此表示衷心感谢。本书还得到了王广辉、蒋莉萍、柴高峰、仇文勇、李健、单葆国等领导的大力支持，此外还得到了中国工程院、国家能源局、国务院国有资产监督管理委员会、中国电机工程学会、清华大学有关专家的指导，以及国家电网有限公司发展策划部、政策研究室等部门的帮助，在此表示由衷感激！

国网能源研究院有限公司·**能源电力碳达峰碳中和路径研究团队**

——————————— 编写组 ———————————

鲁　刚　　元　博　　夏　鹏　　徐沈智

贾消方　　陈海涛　　傅观君　　张晋芳

龚一莼　　吴　聪　　贾跃龙　　李司陶

赵　铮　　伍声宇　　冯君淑　　闫晓卿

王　芃　　吕梦璇　　王晓晨　　张　超

王　钰　　张玉琢

中国路 中国走

"从现在起，中国共产党的中心任务就是团结带领全国各族人民全面建成社会主义现代化强国、实现第二个百年奋斗目标，以中国式现代化全面推进中华民族伟大复兴。"

"中国式现代化，是中国共产党领导的社会主义现代化，既有各国现代化的共同特征，更有基于自己国情的中国特色。"

"中国式现代化是人口规模巨大的现代化，是全体人民共同富裕的现代化，是物质文明和精神文明相协调的现代化，是人与自然和谐共生的现代化，是走和平发展道路的现代化。"

实现碳达峰碳中和是一场广泛而深刻的经济社会系统性变革，是中国式现代化征程的必由之路。实现"双碳"目标，能源是主战场，电力是主力军，能源电力"双碳"之路牵一发而动全身，必须完整、准确、全面贯彻新发展理念，通过系统谋划，统筹好发展与安全、发展与减排、整体与局部、短期与中长期，实现立足全局的战略层面多目标动态平衡优化，坚持走出一条中国特色能源电力"双碳"转型之路。

坚持走中国特色能源电力"双碳"转型之路
立足我国国情，坚持先立后破
谱写好支撑中国式现代化的绿色低碳篇章

目录

壹

中国特色能源电力碳达峰碳中和之路：谱写好中国式现代化绿色低碳篇章

筑牢中国式现代化的能源基础

党的二十大擘画了以中国式现代化全面推进中华民族伟大复兴的宏伟蓝图，强调要"积极稳妥推进碳达峰碳中和"，这是以习近平同志为核心的党中央统筹国内国际两个大局作出的重大决策部署，为推进碳达峰碳中和工作提供了根本遵循。在能源领域，要深入推进能源革命，加快规划建设新型能源体系。我国实现"双碳"目标充满挑战，受到资源禀赋、发展阶段、产业结构、科技水平、社会制度等多重因素影响，需要在深入理解中国式现代化对"双碳"道路和能源发展的要求基础上，统筹处理好经济 — 能源 — 环境关系，走出一条具有中国特色的能源电力碳达峰碳中和之路。

01

演进态势：
一场广泛而深刻的
经济社会系统性变革

实现碳达峰碳中和是一场广泛而深刻的经济社会系统性变革。这需要完整、准确、全面贯彻新发展理念，把碳达峰碳中和纳入生态文明建设整体布局，与构建新发展格局一体谋划，通过加快规划建设新型能源体系，推动产业结构、科学技术、生产生活方式、治理能力等发生根本性变革，以在经济 — 能源 — 环境关系同步调整过程中，走出生态优先、绿色低碳的高质量发展道路。

一场广泛而深刻的 经济社会系统性变革		
	人类文明新形态	推进生态文明建设，实现中国式现代化
	经济发展模式变革	实现高质量发展
	深入推进能源革命	规划建设新型能源体系
	产业结构调整	发展绿色低碳产业
	科技自立自强	原创性引领性科技攻关，关键核心技术攻坚
	绿色生产生活方式	生态环境根本好转，美丽中国目标基本实现
	治理能力变革	治理体系和治理能力现代化

迈入新发展阶段
贯彻新发展理念
构建新发展格局

百年末有之大变局下，我国"经济 — 能源 — 环境"（3E）三方面正同步发生重大调整，经济向新发展格局、能源向新型能源体系、环境向"双碳"目标迈进，总体向"新发展格局 — 新型能源体系 — 碳达峰碳中和"新关系演进。在这种多重战略目标的同步重塑下，经济 — 能源 — 环境关系耦合更加紧密，相互作用机理发生深刻变化。

实现碳达峰碳中和是一场广泛而深刻的经济社会系统性变革

经济领域：发展是第一要务

党的二十大报告指出，到 2035 年，人均国内生产总值迈上新的大台阶，达到中等发达国家水平。综合有关权威机构研究，预计我国 2035 年前年均 GDP 增速保持 4.8% 左右，2035 年经济规模基本上较目前水平翻一番，我国经济将进入高质量发展新阶段。

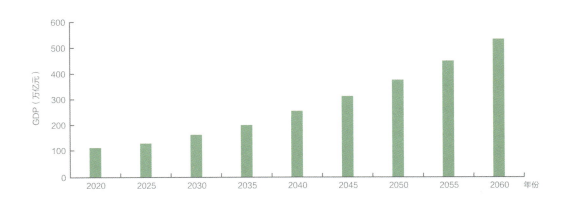

图 1-1　2020 — 2060 年我国 GDP 增长趋势预测

■ **能源特别是电力消费刚性增长下经济社会绿色低碳转型面临挑战。** 考虑我国能源体系、产业结构的高碳特征，未来实现"双碳"目标、经济社会绿色低碳转型都将面临系列挑战。我国人口规模全球第一，"人均中等，总量巨大"的国情特征显著。2021 年，我国国内生产总值仅次于美国，人均国内生产总值却不及中等发达国家水平的一半；我国一次能源消费总量超过美国和欧盟的总和，人均能源消费水平仅为美国的 40%。我国作为世界上人口规模最大的发展中国家，新型城镇化、工业化进程仍将持续深入推进，为了满足人民日益增长的美好生活需求，我国能源特别是电力消费客观上还存在较大规模的刚性增长需求。

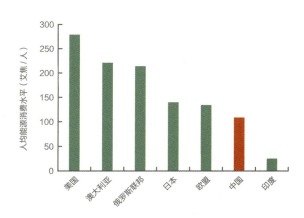

图 1-2 2021 年世界部分国家、地区的人均能源消费水平

（数据来源：《BP Statistical Review of World Energy 2022》）

■ **产业结构偏重情形下面临减排降耗和稳制造业比重等多方权衡统筹。** 我国第二产业占比较高，制造业是国民经济发展的基石，通过调整产业结构实现节能降碳的难度大。2022 年第二产业占 GDP 比重为 39.9%，制造业的相当部分还处于全球价值链中低端，加工制造环节能源资源消耗强度大、单位 GDP 碳排放量高。"双碳"目标下推动产业结构转型升级是节能降耗、减污降碳的重要途径。制造强国战略引领下我国要保持制造业比重基本稳定，需要走出一条更加适合现代制造业发展的碳达峰碳中和之路。

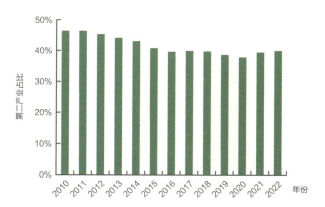

图 1-3 2010 年以来我国第二产业占比变化情况

（数据来源：国家统计局，《中国能源统计年鉴》）

构建新发展格局是我国经济现代化的路径选择，是关系我国发展全局的重大战略任务，要实现一系列战略目标：

（一）　**在百年未有之大变局下，实现高水平的自立自强。** 产业链安全成为国际各方关注焦点，新一轮产业转移呈现回归与转移的"双向调整"态势，中国传统比较优势弱化。同时发达国家推行"再工业化"政策，发展中国家承接产业外迁的趋势增强。未来将可能呈现出美欧亚三大自成体系的区域中心和区域自循环格局。这要求构建完整的内需体系和自主可控、安全可靠的产业链供应链体系，以供给侧结构性改革为主线，提升供给体系对国内需求适配性，以高质量供给引导满足日益提升的国内市场需求。

（二）　**推动经济增长新旧动能转换以实现有效益、有质量、可持续的经济发展。** 改革开放 40 多年来，我国从计划经济向市场经济转型取得巨大成就，经济增长依赖更多的是制度解放和资源配置效率的提高。新发展格局下，经济增长动能面临"转轨"的巨大压力，房地产、医疗、教育等传统行业向保障基本民生靠拢，传统动能拉动经济增长能力减弱，数字经济、高技术产业方兴未艾。要依托技术创新开拓经济发展新赛道，依靠新技术、新产品、新产业和新的组织方式，创造新的经济增长点，从更高层级破解经济社会发展循环堵点，实现由效率提升驱动向技术创新驱动的经济发展模式转变。

（三）　**提升对外开放的质量和效益，提升全球治理中我国话语权。** 我国在国际分工中的传统地位是人口红利、资源充裕、环境容纳量等比较优势下自然形成的分工格局，产业附加值长期较低。需要在全球贸易中重塑新的比较优势，向全球价值链中高端攀升，同时进一步积极参与国际规则制定，提高把握国际规则能力，全面提升对外开放的质量和效益。要通过"一带一路"设计全球化进程的中国方案，多边合作建设开放型世界经济体系，吸引全球创新资源要素"引进来"，推动高水平产业升级"走出去"，塑造新的国际比较优势，使我国成为全球开放合作的广阔舞台。

四 ...● **着力解决经济发展不平衡不充分的问题。**当前经济发展过程中还面临如何解决区域、城乡等发展不平衡、不充分的问题，这制约着全国各区域人民共享改革发展成果。要实施乡村振兴战略，着力解决好城乡发展不平衡问题，确保发展成果更多更公平惠及全体城乡居民，同步提升城乡居民生活水平和质量。要实施区域协调发展战略，积极建立更加有效的区域协调发展新机制，加快形成东西联动、内外协同、陆海统筹的区域发展新格局。

整体来看，构建新发展格局关键在于如何促使全球高度创造性生产要素在中国畅通循环流动。我国生产要素相对优势发生变化，要素禀赋出现根本调整，增长模式改变处于关键过渡阶段。人口、土地、自然资源等传统生产要素相对优势减弱，技术、数据等新要素相对优势增强，要素驱动和投资规模驱动的"粗放式增长"逐渐转变为依靠创新驱动、通过提高全要素生产率实现的"集约式增长"。

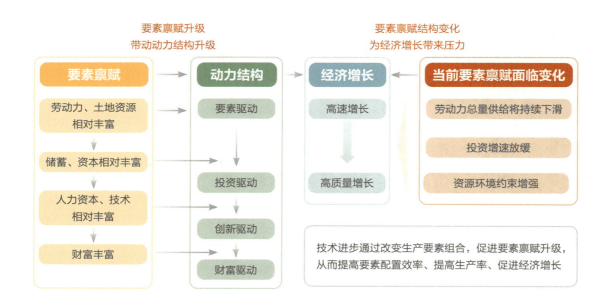

图 1-4　支撑经济增长的要素和动力结构示意图

能源领域：
能源资源禀赋叠加需求刚性增长下能源低碳转型、安全供应、普惠服务压力大

根据世界银行和国网能源院统计数据，2021 年我国用占全球 25.2% 的能源消费量，支撑了占全球 18.2% 的经济发展规模。"富煤贫油少气"是我国基本国情，煤炭、石油、天然气探明资源储量分别占全球的 13.3%、1.5%、4.5%。2022 年，我国煤炭占一次能源消费比重为 56.2%，以偏煤的能源结构，支撑了全球最大能源生产消费国的发展，同时也建成了全球最大规模的清洁能源生产利用网络，用能成本目前在全球处于较低水平，能源安全保障在全球处于领先地位。

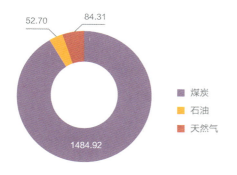

图 1-5 2021 年我国能源资源探明储量（亿吨标准煤）

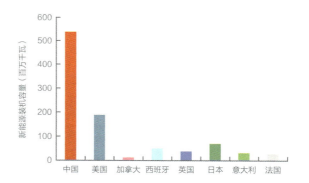

图 1-6 2021 年全球不同国家新能源装机对比

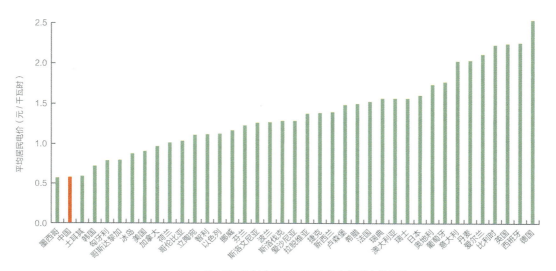

图 1-7 2021 年全球不同国家平均居民电价对比

■ **能源结构偏煤，减排与安全统筹压力大。** 煤炭作为我国第一大能源，长期发挥着保障能源安全的基础性作用，但以煤为主的能源结构也给碳减排带来巨大压力。我国调整以煤为主的能源结构是一个长期过程，无论是煤炭作为兜底保障能源，还是煤电作为支撑新能源发展的调节性电源，还需要持续发挥作用。要立足我国能源资源禀赋，坚持先立后破，通盘谋划，传统能源逐步退出必须建立在新能源安全可靠的替代基础上。

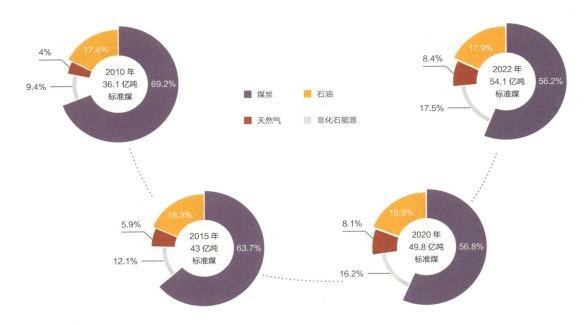

图 1-8　我国能源消费总量及结构演变
（数据来源：国家统计局）

■ **我国能源利用效率偏低，"双碳"目标下要积极挖掘节能降碳潜力。** 虽然我国单位 GDP 能耗总体呈下降趋势，但与全球平均水平和主要发达国家相比仍相对较高，背后是高耗能产业项目偏多、产业结构偏重、能源结构偏煤、新兴产业短期难以接替、生产生活用能需求刚性增长等多重原因。2020 年我国单位 GDP 能耗 3.4 吨标准煤 / 万美元，是全球平均水平的 1.5 倍，是主要发达国家的 2 ~ 4 倍；单位 GDP 碳排放量 6.7 吨 /

万美元，是全球平均水平的 1.8 倍，是主要发达国家的 3 ~ 6 倍。

这种差别一方面是技术水平差距，另一方面还包括大量隐含能源消费和碳排放转移。过去发展过程中，中国作为世界最主要产业转移承接地，承接了大量发达国家转移出来的高碳高耗能产业。2019 年，出口贸易使得我国国内碳排放增加 17.9 亿吨，约占自身全部碳排放的 18%。

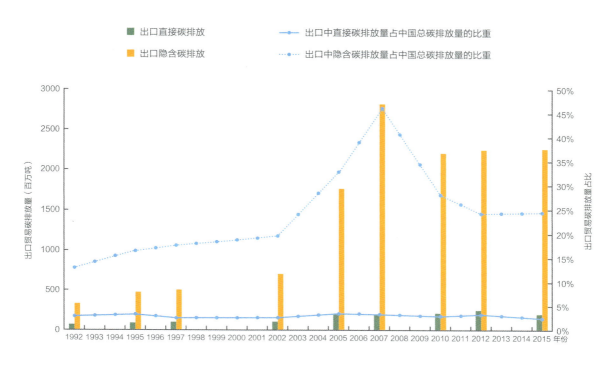

图 1-9　我国出口贸易的直接碳和隐含碳排放总量及其占比
（数据来源：陈曦，中国国际贸易碳排放水平实证研究，2020）

环境领域：
生态文明建设要求持续提升，环境承载力有限且约束快速收紧

党的十八大以来，我国生态文明建设和生态环境保护取得了巨大成就。但当前我国生态文明建设仍处于压力叠加、负重前行的关键期，促进经济社会发展全面绿色转型面临严峻挑战，生态环境治理能力仍待提升，生态环境风险不容忽视，生态环境保护任务依然艰巨。生态环境问题归根结底是发展方式和生活方式问题。建立健全绿色低碳循环发展经济体系，是解决我国生态环境问题的根本出路。党中央将"生态文明建设实现新进步"作为"十四五"时期经济社会发展主要目标之一，将"广泛形成绿色生产生活方式，碳排放达峰后稳中有降，生态环境根本好转，美丽中国建设目标基本实现"作为到2035年基本实现社会主义现代化的远景目标之一，明确要求深入实施可持续发展战略，促进经济社会发展全面绿色转型，建设人与自然和谐共生的现代化。

随着清洁低碳、安全高效的现代能源体系建设，特别是"双碳"的推进，能源正在逐步加快转型。国家提出 2025 年风电和太阳能发电量翻番、2030 年风电和太阳能发电总装机容量达到 12 亿千瓦以上、单位 GDP 二氧化碳排放量比 2005 年下降 60%～65%、2030 年非化石能源消费占比达到 25% 左右、到 2060 年非化石能源消费比重达到 80% 以上等一系列指标，对能源高质量发展提出了更高要求，也给能源安全供应保障、能源清洁高效利用、能源科技创新突破、能源供应成本提升等带来了一系列新挑战。

"双碳"工作纳入生态文明建设整体布局和经济社会发展全局，将带来碳排放空间快速收紧。IPCC 相关报告指出，为实现 2℃ 或 1.5℃ 以下全球温升控制目标，到 21 世纪末全球累计二氧化碳排放量需分别控制在 1.2 万亿～1.5 万亿吨或 4200 亿～5800 亿吨。其中，根据国家发展改革委能源研究所完成的《中国实现全球 1.5℃目标下的能源排放情景研究》报告，2℃ 或 1.5℃ 情景下 2011－2050 年我国的碳预算分别约 3300 亿～3600 亿吨或 1900 亿～2300 亿吨。这意味着承载经济发展的环境空间将快速用尽。我国提出二氧化碳排放力争于 2030 年前达到峰值，努力争取 2060 年前实现碳中和，这也意味着环境空间约束将快速大幅收缩。

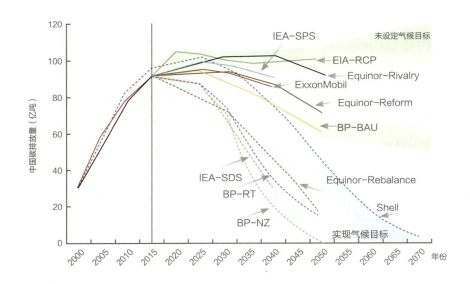

图 1-10　各机构对中国碳预算的预测对比

表 1-1　主要机构能源展望报告及情景信息整理

发布单位及报告名称	代号	情景名称	气候目标	发布年份
IEA 《世界能源展望》	IEA-SPS IEA-SDS	既定政策情景 可持续发展情景	— 实现巴黎协定	2020
EIA 年度能源预测	EIA-RCP	参考情景	—	2020
OPEC 世界石油展望	OPEC	主情景		2019
BP 世界能源展望	BP-BAU BP-RT BP-NZ	基准情景 快速转型情景 净零情景	 2 ℃ 目标 1.5 ℃ 目标	2020
Shell 世界能源情景	Shell-Sky	天空情景	2 ℃ 目标	2018
ExxonMobil 能源展望	ExxonMobil	主情景	—	2019
DNV-GL 能源转型展望	DNV-GL	主情景	2.3 ℃ 目标	2020
Equinor 能源展望	Equinor-Reform Equinor-Rebalance Equinor-Rivalry	改革情景 再平衡情景 竞争情景	— 2 ℃ 目标 —	2019
ETRI 世界与中国能源展望	ETRI-BAU	基准情景	—	2019

（数据来源：李天骄 . 基于基础设施规划的中国能源供应系统低碳转型路径研究 [D]. 清华大学，2021.）

总的来看，百年未有之大变局下，新旧风险交织、不确定性加剧，我国经济 — 能源 — 环境同步发生重大调整并向多重战略目标重塑，经济转型、能源转型、环境保护等因素相互叠加，这是一场经济社会系统性变革。坚持系统观念，从理论层面厘清复杂新形势下我国经济 — 能源 — 环境关系的演化方向，成为积极稳妥推进碳达峰碳中和、设计好中国特色能源电力"双碳"路径的基础和前提。

02

基本认识：能源高质量发展"双三角"理论分析框架

研究能源电力"双碳"路径需要立足经济社会系统性变革的全局。为此，构建由可持续发展三角、能源协同发展三角锥构成的能源高质量发展"双三角"理论分析框架，分析向"新发展格局 — 新型能源体系 — 碳达峰碳中和"新关系演进态势下能源系统会发生何种系统性改变。其中，能源系统外部的"可持续发展三角"用于描述经济 — 能源 — 环境三者的联动关系；能源系统内部的"能源协同发展三角锥"用于描述能源自身发展在安全性、清洁性、经济性、共享性之间的平衡关系。

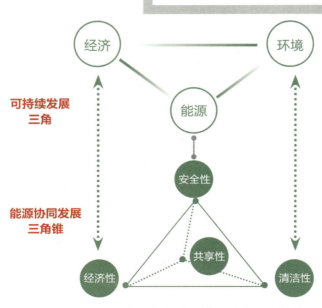

图 1-11　能源高质量发展"双三角"理论分析框架

经济 — 能源 — 环境可持续发展三角

全面系统分析能源电力"双碳"路径，需要立足经济 — 能源 — 环境系统（即 3E 系统，可持续发展三角）总体变化。可持续发展是既满足当代人现在的需求，又不对后代人满足其需要构成危害的发展。这就要求以能源、环境可持续发展的方式促进经济增长，在三者之间形成一种平衡。可持续发展三角描述了经济 — 能源 — 环境三者的联动关系。

■ **从经济 — 环境关系看，** 经济发展方式及产业结构影响能源消费结构，进而影响生态环境，生态环境承载力有限，环境的破坏与污染会抵消部分经济发展成果。短期来看，节能减排与经济发展存在两难抉择，地区能源消费量与经济增速整体呈正相关关系，在当前能源系统尚未实现深度脱碳情况下，控制碳排放量与保持地区经济增长之间存在矛盾。远期来看，经济社会发展的生态环境空间进一步压缩，需要把握经济高质量发展与生态文明的辩证统一关系，走出一条以降碳为重点战略方向、推动减污降碳协同增效、促进经济社会发展全面绿色转型的生态文明建设道路。

■ **从能源 — 经济关系看，** 能源是经济社会发展的物质基础，能源的供应保障、供能成本、产业发展对经济活动产生影响，经济社会发展会促进能源大规模开发利用。新发展格局增强发展安全性主动权对能源供应保障安全和用能成本可控要求提高，能源尤其是新型电力系统产业的跃迁升级又是新发展格局下经济"转轨"新动能的关键之一。

■ **从能源 — 环境关系看，** 能源的开发利用会对环境产生影响，环境保护目标会对能源转型方向和速度提出要求。碳达峰碳中和要求加快推动能源清洁低碳转型。光伏治沙等新型能源利用模式也可以促进自然环境的治理和改造。

图 1-12　可持续发展三角

整体看， 能源依托其基础设施属性、产业属性与社会经济发展密切互动，能源开发利用与环境相互影响制约，而环境承载力将直接限定经济发展空间。三者形成相互支撑、互动和制约的"可持续发展三角"关系。

向"新发展格局 — 新型能源体系 — 碳达峰碳中和"新关系演进

按照国家多重战略部署,经济向新发展格局转向,能源向构建新型能源体系发展,环境向碳达峰碳中和迈进,经济、能源、环境领域正在发生同步重大调整,总体向"新发展格局 — 新型能源体系 — 碳达峰碳中和"新关系演进。研究能源电力"双碳"路径需要立足这一全局开展思考,特别是经济 — 能源 — 环境相互作用机理正在发生深刻变化,集中体现在"双碳"目标下能源如何服务与融入新发展格局:

判断一

随着经济与环境的耦合关系更为紧密,能源在经济与环境协调发展中的作用愈加凸显,能源行业正面临着建设新型能源体系、构建新型电力系统这一重大历史发展机遇,需要更好地适应"经济 — 能源 — 环境"新关系,引领社会绿色发展。从可持续发展三角整体看,能源绿色发展一方面可以有效控制能源领域碳排放,减少能源使用对环境的破坏,提高环境承载力,为经济发展释放更大空间;另一方面能够为经济提供新的增长点和重要支撑,加快推进生态环境改善。以能源绿色发展引领经济社会绿色发展,将推动 3E 系统形成良性循环,共同向更高水平发展。

判断二

"双碳"目标下能源服务与融入新发展格局的聚焦点向电力领域转移。随供应侧非化石能源消费占比和需求侧终端电气化水平持续提升,能源安全的重心和压力持续向电力转移,以战略性新兴产业为代表的电力领域投资规模在能源领域占比持续提升,全球气候治理以及产业科技竞争关键领域也将逐步向电力领域转移。

判断三

"双碳"目标下科技创新驱动能源电力产业升级,能源尤其是电力的产业属性增强,具备发展成为主导产业的潜力。新发展格局下,经济领域培育新动能的新需求和"双碳"目标下能源领域构建新型电力系统的目标具有内在一致性。能源产业特别是新型电力系统产业链,将以全新的价值形态、企业形态、空间形态和循环形态,为创造经济发展新空间,支撑、促进、引领经济发展方式和布局绿色升级提供持久动能。

判断四

新发展格局下能源基础设施属性的要素作用方式不变，但关系特征和性质逐步发生调整。 能源要素依然是保障生产生活的物质基础，同时在"双碳"目标要求下能源作为基础设施属性变化的突出表现是要素更加清洁绿色。能源要素在用能保障、畅通循环、用能成本三方面作用更需要围绕构建新发展格局要求在地区、时序、力度之间统筹协调。当前能源要素在用能保障方面面临经济增长带来的需求增加和全球能源紧张潜在传导的双重压力，在畅通循环方面面临区域发展诉求和能耗指标约束之间的矛盾，在用能成本方面面临经济社会对用能成本稳定合理的期待和系统成本提升难以疏导之间的困境。能源要素的安全、经济、清洁、共享多目标协同难度大，需要在不同时期有所侧重，实现动态平衡。

判断五

构建国际大循环格局中，"双碳"转型将带动能源国际合作与构建绿色低碳全球能源治理格局，从而作为国家战略工具迈入舞台中央。 电力行业是我国具备国际先发优势的为数不多的高端产业领域之一，能源领域的国际合作作为我国高水平对外开放提供新空间，能源科技水平和利用效率提高对我国碳博弈能力持续提升有重要作用。应对气候变化的全球共识推动能源治理在全球治理体系中走向关键位置，深度参与打造绿色低碳全球能源治理格局是提高我国全球治理能力的重要路径。

面对"3E"关系重塑调整，我国能源电力"双碳"路径的设计将面临更加复杂的局面，其路径选择、节奏把握、强度控制等都可能给经济能源环境系统带来深远的连锁式影响。一方面，这是新一轮科技革命、产业变革和塑造人类文明新形态的历史性机遇；另一方面，受"双碳"目标的时间倒逼要求，转型节奏、力度和行业间、地区间梯次达峰的协同情况均会对整体转型的安全裕度、转型成本以及局部地区能源、电力系统稳定结构带来影响，再叠加国际"黑犀牛""灰天鹅"事件频发，由一个点、局部引发的问题，通过连锁的反应路径，可能带来系统性的风险。

巨大挑战和发展机遇是这一世界级难题"硬币的两面"，必须完整、准确、全面贯彻新发展理念，于变局中开创新局。

| 能源协同发展三角锥

能源协同发展三角锥是在能源不可能三角的基础上，增加了能源共享发展目标维度，主要用于描述能源自身发展必须在安全性、清洁性、经济性、共享性之间实现一种平衡。

■ **能源不可能三角**。世界能源理事会等机构认为一国能源转型在一定技术、体制等条件下无法在能源安全、可负担性和环境可持续性同时达到最优。能源不可能三角用于描述能源系统自身发展在安全性、清洁性与经济性之间的平衡关系，即"能源三难选择"。目前可预见的技术在三个目标上均有不同的优劣势，本质就是"没有免费的午餐"，也正是在这样的矛盾对立统一中才形成了能源转型的复杂性。面对能源不可能三角，能源系统需要根据经济、环境不同阶段发展目标与发展需要，以多目标的轻重缓急合理选择确定能源发展重心。

■ **能源共享性**。立足新发展理念，共享发展注重的是解决社会公平正义问题，旨在促进经济社会发展的物质文明成果和精神文明成果由全体人民共同享有，实现共同富裕。能源作为人类社会发展的重要物质基础，其产业属性和基础设施属性一体两面，两者互为基础、相互支持。一方面，从能源的基础设施属性来看，能源共享性要求全社会普惠共享能源高质量发展成果（安全、经济、清洁的能源供应），也就是各地区（东中部地区、西部北部地区）获得高质量能源供给的机会均等；另一方面，从能源的产业属性来看，能源共享性还要求通过发挥能源产业的经济新引擎作用来促进区域间经济协同发展，从而促进全社会公平共享经济社会发展成果。

 能源作为经济子部门拉动经济增长，为一定经济目标服务且具有特定经济性质，因而体现为产业属性。

 能源作为基础设施保障和支撑经济社会发展，是提高生产力、发展生产力的关键要素。

■ **能源协同发展三角锥**，用于描述能源系统自身发展在安全性、清洁性、经济性与共享性之间的平衡关系。共享性将进一步增加能源转型多目标优化的挑战，但也需要认识到通过强化能源区域间协调发展、能源普惠发展等，在解决发展不平衡不充分中孕育以空间协同缓解能源不可能三角的可能新途径。

东部地区经济发达，用能成本承受力强，技术产业先进更有利于突破环境（"双控"指标）对经济发展空间的约束；西部地区经济发展相对落后，面临生态环境保护趋严和能耗指标不足双重约束，对用能成本敏感。

按照国家引导各地发挥比较优势承接产业转移，西部地区要建设成为国家重要能源化工、资源精深加工、新材料及区域性高技术产业和先进制造业基地，产业向西部有序梯度转移趋势已经形成。

"双碳"目标下通过能源转型路径设计、新型电力系统等产业布局主动向西部调整，有助于破解"西部资源外送 — 东部研发制造 — 西部使用产品"这一不利于解决发展不平衡不充分的循环问题，同时有利于促进西部新能源大规模就地消纳。

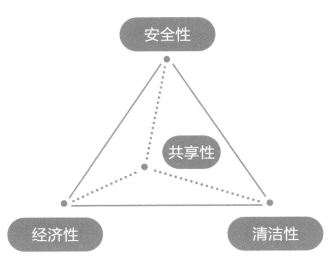

图 1-13　能源协同发展三角锥

能源高质量发展"双三角"

■ "双三角"强耦合互动

可持续发展三角与能源协同发展三角锥共同构成了能源高质量发展"双三角"理论分析框架。可持续发展三角与能源协同发展三角锥存在内在联系，能源、经济或环境中的任何一个系统发生变化，都将对其他两个系统产生影响，进而引发总体变化。能源系统的变化主要表现在能源安全性、经济性、清洁性、共享性方面的改变，并分别与经济系统、环境系统相互作用。

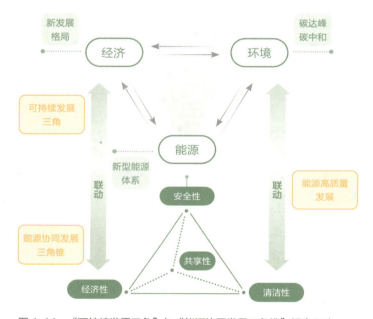

图 1-14　"可持续发展三角"与"能源协同发展三角锥"耦合互动

① "可持续发展三角"影响能源发展方向，进而影响"能源协同发展三角锥"的重心选择。当经济发展承压时，要求降低用能成本，为经济增长提供更大空间，能源发展重心要向经济性方向倾斜。当经济发展要求更好解决发展不平衡不充分问题时，对能源发展的共享要求将大大提高。

② "能源协同发展三角锥"中的安全性、经济性、清洁性、共享性将影响"可持续发展三角"中经济、社会、环境发展。保障能源安全是基本要求和约束。当能源发展重心向清洁性方向倾斜时，在提升外部环境承载力的同时，可能造成能源价格上升冲击经济发展。能源共享性提高时，可以提高经济社会环境发展的普惠性，但一定程度上又可能影响经济发展效率。三角锥的四个角代表能源发展的重心和目标，相互统一又在一定阶段一定时期相互矛盾，需要根据不同时期发展的主要矛盾统筹决策。

■ 面临新局面、新矛盾

新局面： 综上，在经济 — 能源 — 环境迈向"新发展格局 — 新型能源体系 — 碳达峰碳中和"新关系过程中，新型能源体系是一个向前演进的巨复杂系统，面临功能、结构、属性特征等重大改变，未来较长时期内将面临复杂动态系统性的挑战。

从系统论角度看，从当前的系统形态向未来碳中和下的系统形态转变，为适应中国式现代化带来的新发展环境和赋予的新时代使命，新型能源体系在演化过程将呈现出新的演化特征和结构性变化。这主要表现为从化石能源为主体向高比例可再生能源转变、从人工系统向与自然系统融合的系统转变（气象属性增强）、从以化石燃料为基础向兼以战略性矿产资源为基础转变、从相对稳定的渐变系统向加快由量变到质变的激进式变革系统转变、从相对封闭的系统向与工交建进一步深度融合的开放式系统转变、从一般性技术驱动系统向高度依赖科技创新的系统转变、从基础设施属性向兼具战略性产业属性的系统转变等。

表 1-2　新型能源体系演化特征

从化石能源为主体向高比例可再生能源转变	2030、2060 年非化石能源消费占比提高到 25% 和 82% 以上，终端电气化水平提高到 32% 和 70% 以上。这种转变意味着能源生产消费全环节的形态都将发生重大变化，相应的技术创新需求、市场机制等也需要全方位转型和调整
从人工系统向与自然系统融合的系统转变	能源电力系统是人类社会最复杂的人工系统，传统以化石能源为主体的能源体系下人工系统可控性强。未来随着新能源比重持续提高，自然气象作为影响新能源发电的决定性因素，将使这个复杂人工系统向人工系统与自然系统融合的系统转变，以"确定性"为基础的技术和体系将难以满足新型能源体系发展、规划与运行需求
从以化石燃料为基础向兼以战略性矿产资源为基础转变	矿产属性增强意味着新型能源体系下能源资源利用模式的全方位转变，需要从战略层面充分认识由化石燃料的一次性消耗向金属和非金属矿物的循环利用转变
从相对稳定的渐变系统向加快由量变到质变的激进式变革系统转变	新型能源体系的能源生产消费及源网荷储基本要素均处于"量变到质变"的深度转换期，新型电力系统将在当前和长远、整体和局部、继承与发展的统筹中实现激进式的演化
从相对封闭的系统向与工交建进一步深度融合的开放式系统转变	新型能源体系下，新型电力系统将逐步发展为全社会的产用能主体，能源电力利用模式和基础设施向工业、交通、建筑等各行各业的产用能方式深度耦合，形成产业能源融合的各种新形态。新型能源体系的资源集成配置能力更强，系统透明度大幅提升，系统功能更加开放、灵活、多样
从一般性技术驱动系统向高度依赖科技创新的系统转变	伴随第一次、第二次能源革命，化石能源利用技术已趋于成熟和稳定，随着非化石能源比重持续提升，新型能源体系的建设过程中能源生产消费和源网荷储各环节面临一系列亟待解决的新问题，这些问题的解决将高度依赖科技创新。技术驱动呈现出不确定性增强、一体化演进、系统集成性要求提高的规律和特点。CCUS、新型储能、氢能等重大颠覆性技术的突破将显著改变新型能源体系发展演化的路径和形态，进而牵引能源电力产业链供应链形态的调整
从基础设施属性向兼具战略性产业属性的系统转变	传统能源系统以为经济社会发展提供基本供应保障和资源安全保障为最主要特征，并通过上下游装备制造和基建等一定程度上拉动经济增长。未来新型能源体系战略性产业属性将全面增强，以能源科技创新引领产业转型升级。培育现代化能源电力产业并为经济增长提供新动能将成为新型能源体系的重要特征

新矛盾：

1 复杂不确定环境下能源系统转型方向、节奏、力度与经济 — 能源 — 环境关系演进需求可能出现阶段性或局部的不适应问题。

2 面临能源特别是电力刚性增长下同步推进产业结构与能源体系"双升级"的挑战。

3 面临能源发展安全性、经济性、清洁性、共享性多目标要求互相制约的问题。

4 面临能源高质量发展要求与现有技术条件和体制机制不适应的挑战。

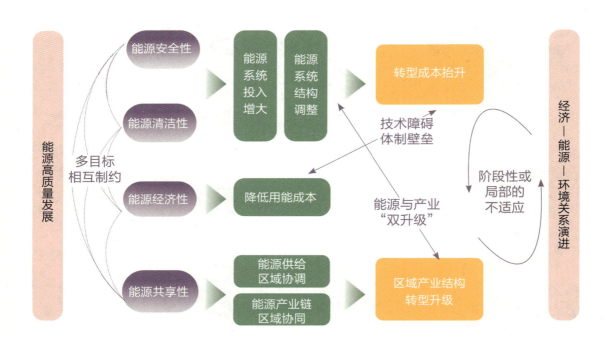

图 1-15　经济 — 能源 — 环境发展新矛盾

▌ 以能源供给侧结构性改革实现能源高质量发展

面对新关系、新局面、新矛盾，可持续发展三角与能源协同发展三角锥的关系在"双碳"转型进程中将随内外部环境变化持续演进，能源在协同两个"三角"发展过程中将承担更重任务，要以能源高质量发展实现两个"三角"在更高水平的动态平衡和协同。

在可持续发展三角全面调整与作用下，对能源安全性、清洁性、经济性、共享性要求进一步提高，能源协同发展三角锥收缩幅度变大、节奏加快，整体不稳定性在逐步累积。要坚持系统观念，着眼于能源发展新关系、新局面，着力解决新矛盾，从能源消费、能源供给、能源技术、能源体制、国际合作等方面协同发力，推动能源行业关系走向协同共生。唯有实施能源供给侧结构性改革，发展现代能源经济，以技术创新与体制机制改革的办法，才能解决新矛盾，实现可持续发展三角与能源协同发展三角锥在更高水平上的协调，也即实现能源高质量发展。

相对于传统常规转型，科学合理设计能源电力"双碳"转型路径的方向、节奏、力度更具挑战。 能源协同发展三角锥的四个要素在不同转型阶段作为多元化目标既有各自不同的刚性要求，也有彼此影响的内在关系。推动能源清洁低碳转型是一项长期复杂的系统性工程，必须立足富煤贫油少气基本国情，深刻把握可持续发展三角与能源协同发展三角锥关系机理和调整规律，必须全面完整准确贯彻新发展理念，以系统观念实现能源安全、能源成本、能源环境、能源共享四个目标的统筹兼顾，系统设计能源转型路径，注重政策设计的整体性、协同性，在能源发展多目标中寻求动态平衡，分阶段、有侧重、平稳地推进能源低碳转型，协同推进降碳减污扩绿增长。

转型路径设计的基本前提： 始终保持在能源安全、能源成本、能源环境、能源共享四个目标的底线要求内。

保障能源安全刚性要求最强，未来可逐步探索挖掘用户侧不同可靠性需求，结合经济性优化制定差异化能源安全目标；能源环境要求随着"双碳"目标的提出也成为具有刚性要求的倒逼目标，但具体的碳减排峰值、速度等方面还存在多目标统筹优化空间；能源转型成本需要保持在可承担的合理化区间内；能源共享要求提高普惠能源、均等化服务水平等。

转型路径设计的全局优化重点： 分阶段实现能源安全、能源成本、能源环境、能源共享四个目标在一定技术经济、体制机制条件下动态统筹平衡。

要通过优化碳达峰时序、碳中和节奏来形成最大动态平衡可行域空间。一方面，要推动社会各界形成基本共识：在一定时期内保障能源安全和实现"双碳"是有代价的，从四个目标来看能源成本是相对更有弹性的，需要在合适时期作出协调性调整。另一方面，要推动能源行业关系走向协同共生。在当前条件下，仅凭单一能源品种不可能完全实现能源发展多重目标。要协调好发展与安全、短期与长期、政府与市场等多重关系，推动各方协同发展。

转型路径设计的突破方向： 实施供给侧结构性改革，坚决以科技创新和体制机制创新为动力，实现"双三角"由不平衡迈向更高水平的动态平衡，即实现能源高质量发展。

一方面，"双碳"必须依靠颠覆性低碳技术创新，并通过大规模商业化推广应用来打破能源协同发展三角锥内部的互相制约。另一方面，要释放体制机制创新红利，最大程度挖掘其中蕴含的效率与效益。

转型路径设计的动态优化重点：适应"双碳"不同阶段多目标要求的持续变化，特别要适应具有关键转折意义的重大变化作出提前谋划。

❶ 碳排放达峰

碳排放达峰后意味着经济增长将与碳排放强脱钩，碳约束收紧对能源乃至经济社会发展的影响在深度和广度上大幅提升。碳排放达峰前后政策逻辑将发生重大调整，需要统筹不同部门达峰中和节奏，做好能耗双控向碳双控转变政策设计等。

❷ 能源电力需求增长饱和

目前能源尤其是电力需求仍处于中高速增长阶段，能源电力发展"保增长"与"调结构"并重，保障能源安全面临巨大挑战。面向远期，预计能源消费 2030 － 2035 年、电力消费 2045 － 2050 年增长将逐步饱和，能源电力发展将向调结构为主转变，对存量资源的改造和退役资源的循环利用需要提前筹备、重点谋划。

❸ 颠覆性技术突破

"双碳"目标下技术高速发展将带来系统形态演化的加速和高度不确定性，颠覆性技术的出现意味着转型路径的转轨式调整，也可能给系统转型成本和需要的政策机制等带来巨大变化。这需要及时跟踪研判技术发展前沿趋势优化调整转型路径，并根据"双碳"转型战略需求系统谋划技术创新布局和产业转型升级。

❹ 碳价结构性突变

碳价作为重要的碳减排政策工具，未来不同发展预期将深刻影响"双碳"路径。受到国际环境变化、政策机制调整、关键技术突破等多重冲击因素影响，碳配额逐步收紧预期下的碳交易价格连续性上涨趋势可能面临结构性突变，将对能源电力"双碳"路径下低碳零碳负碳技术创新提出更高要求，对工业、交通、建筑等行业间碳排放额分配产生重要影响。未来需做好"双碳"路径与碳配额、碳价政策工具的一体化设计布局。

综合考虑能源协同发展三角锥不同目标的刚性程度，能源电力低碳转型要选取一条能源安全高水平、生态环境高质量、转型成本可承受、转型成果全民共享的多目标权衡与统筹路径，也需要促进社会各方充分认识到一定阶段一定条件下不同目标之间的刚性要有彼此协同。长期看，必须走深化科技创新和体制改革的供给侧结构性改革转型道路，破解能源协同发展三角锥矛盾。唯有技术创新才能带来能源生产力的飞跃，只有破除体制藩篱才能重塑生产关系，拓展资源优化的可行域，实现两个"三角"在更高水平上的协调。

03

本质要求:
牢牢把握中国式现代化

中国式现代化既有各国现代化的共同特征,更有基于自己国情的鲜明特色,创造了一种人类历史上实现社会现代化进程的全新路径,为破解现代社会发展难题提供了新思路、新方法。立足中国式现代化,看经济 — 能源 — 环境新关系演进下能源电力发展面临的新局面和新矛盾,必须要以中国式现代化为指引,明确能源电力"双碳"转型重大要求、基本路线和实施要点,走出一条符合自己国情、科学合理的能源高质量发展之路。

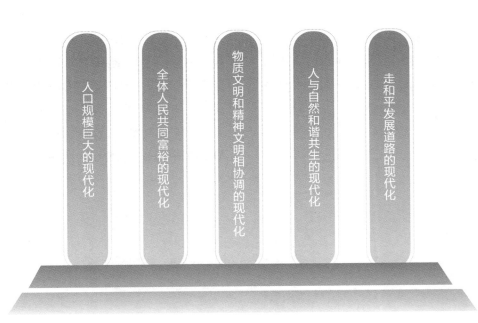

图 1-16 中国式现代化的五个特征

中国式现代化是人口规模巨大、全体人民共同富裕、物质文明和精神文明相协调、人与自然和谐共生、走和平发展道路的现代化。走出具有中国特色的能源电力"双碳"之路，谱写中国式现代化绿色低碳篇章，要坚持守正创新、坚持问题导向，将能源发展客观规律与中国具体国情紧密联系起来，将碳达峰碳中和道路与百年未有之大变局下我国经济社会亟待解决的一系列重大实践问题紧密联系起来，与时俱进创新发展，更好筑牢中国式现代化的能源根基。

需求刚性增长：保障能源安全
独立自主：坚决把能源饭碗端在自己手里
全面节约：全方位践行全面集约的发展战略

国际能源合作：开放条件下的能源安全保障
绿色低碳全球能源治理新格局：提供更多的、更具有包容性的建设性方案、价值主张、公共产品

做大蛋糕：发展现代能源经济
分好蛋糕：助力普惠发展

人口规模巨大的现代化

全体人民共同富裕的现代化

走和平发展道路的现代化

人与自然和谐共生的现代化

物质文明和精神文明相协调的现代化

电力系统功能拓展：承接工交建碳排放转移
"能源+"赋能：引领经济社会绿色转型

提升能源产业硬实力：能源科技创新引领，能源基础设施先进
强化能源行业软实力：凝聚碳中和全民共识，建立健全与新型能源体系建设要求相适应的治理体系，大力弘扬能源精神

图 1-17　中国式现代化对能源电力发展要求

人口规模巨大的现代化要求走出一条
独立自主、全面节约的能源现代化发展道路

我国 14 亿多人口整体迈进现代化社会，规模超过现有发达国家人口的总和，艰巨性和复杂性前所未有。社会主义现代化必须不断满足人民日益增长的美好生活需要，中国特色能源电力"双碳"之路要创新解决人口规模巨大的现代化所带来的能源消费刚性增长需求、生产要素保障的严峻挑战。

需求刚性增长

■ 我国仍处于向新型工业化国家转型升级的关键期，能源需求特别是电力需求还有较大增长空间。预计我国一次能源消费总量 2030 年进入峰值平台期，预计峰值将达到 60 亿~ 67 亿吨标准煤。全社会用电量 2060 年达到 15.7 万亿千瓦时。

独立自主

■ 能源行业要满足现代化建设巨大的用能需求，必须走独立自主的能源保障之路，坚决把能源饭碗端在自己手里。能源安全对我国经济社会发展具有"稳定器""压舱石"作用。立足总体国家安全观，"能源安全"已上升至与"粮食安全"同等重要的战略高度。为解决 14 亿多人口用能问题，必须将战略基础放在国内能源独立自主、自立自强之上。

全面节约

■ 在高质量发展进程中实现"双碳"目标，意味着要以更高的能源效率、更低的能源消费总量满足人民美好生活需要。这挑战极大，要求通过技术进步、消费理念培育、市场机制引导等更加集约方式来满足经济社会安全可靠的用能需求，全方位践行全面集约的发展战略。

全体人民共同富裕的现代化要求走出一条普惠发展的能源现代化发展道路

中国式现代化承载着实现全体人民共同富裕的光荣使命。全体人民共同富裕是一个总体概念，是对全社会而言的，不宜分城市一块、农村一块，或者东部、中部、西部地区各一块，各提各的指标，需要从全局把握统筹。中国特色能源电力"双碳"之路要坚决践行共同富裕的人民情怀，站稳站牢人民立场，发挥好能源作为要素融通互联、资源配置的突出作用，助力生态文明建设、经济发展、民生保障、区域协同、普惠能源等多重战略目标的协同实现。

发展现代能源经济，做大蛋糕

■ 能源作为经济社会发展血液和打造未来绿色循环经济体系的战略基点，是培育经济增长新动能的重要牵引领域之一。要围绕基础理论、基础工艺、基础材料和基础软件等关键环节推动能源产业基础高级化。着眼各能源品种、产销储运全环节推动能源产业链供应链现代化，为新发展格局提供强引擎和新动能。新型电力系统产业将蓬勃发展，预计 2020 — 2060 年电力产业投资规模将超过 100 万亿元，储能、综合能源、能源互联网等产业规模都将达到万亿元级别。

助力普惠发展，分好蛋糕

■ 能源产业尤其是新型电力系统产业链在西部布局具有资源、市场、区位等多重优势。推动新型电力系统产业链向中西部的布局，发挥产业增量空间大、产品附加值高、带动能力强的效应，重塑西部地区发展竞争力，助力实践区域协同发展战略。

■ 坚持以人民为中心，需持续推动普惠能源，推动城乡用能服务均等化，着力解决区域间、不同收入人群间的能源消费水平和服务质量差距问题，着力扩大能源产业有效就业机会等社会福利供给，促进经济增长与民生改善的良性循环。

■ 坚持系统性思维，兼顾统筹全局安全、综合成本、公平等原则，统筹全国整体与各地区间的碳预算、碳强度、能耗强度等指标，优化双控指标和碳配额分配设计，统筹各区域碳达峰碳中和的时序、节奏、强度和布局，形成最大动态平衡区域空间，实现地区间经济协同发展、协同降碳以及能源资源优化配置。

物质文明和精神文明相协调的现代化要求走出一条
硬实力与软实力协同提升的能源现代化发展道路

物质富足、精神富有是社会主义现代化的根本要求。物质文明和精神文明相协调要求经济社会发展告别"高能耗、高排放、高污染"的传统工业文明发展范式,积极应对新发展阶段下能源 — 经济 — 环境间新关系、新局面、新矛盾,破除传统工业文明下碳排放锁定效应。中国特色能源电力"双碳"之路下,能源行业要坚决扛牢政治责任、经济责任、社会责任,并在节约型社会文化培育、治理现代化等方面发挥示范带动作用,为经济社会高质量发展提供强大的发展凝聚力、文化感召力和价值引领力,形成能源科技产业等硬实力与能源治理等软实力互促共进的良好局面。

提升能源产业硬实力

■ 能源行业要为经济社会发展提供可持续的供应保障,发挥好作为基本生产要素、关键基础设施、产业链上游环节的多重功能。科技创新是第一动力将在新型能源体系构建过程中得到最充分的体现,并且通过"科技 — 产业 — 金融"的良性循环充分释放扩散效应,带动国家创新体系升级。

能源产业硬实力主要体现在能源科技创新引领和能源基础设施先进两个层面

	能源科技研发投入规模领先
	涉能工业部门 / 工业体系完整
能源科技创新引领	关键核心能源技术水平领先
	能源技术标准制定主导
	能源行业数字化水平高
	电力可靠性水平高
	油气管网可靠性高
能源基础设施先进	综合能源基础设施发展水平高
	能源基础设施融合发展水平高
	能源基础设施数字化、智能化、低碳化水平高

强化能源行业软实力

- **凝聚碳中和全民共识。**加强绿色用能教育普及，培养能源节约意识，加快消费模式、生活方式、价值观念转变，形成简约适度、文明健康、绿色低碳的社会风尚。

- **建立健全与新型能源体系建设要求相适应的治理体系。**提升能源治理、碳治理能力，厘清市场和政府的权责利界面，实现资源环境、经济发展、民生保障等多重战略目标下的政策协同，释放有为政府、有效市场的治理效能。

- **大力弘扬能源精神。**以大庆精神、铁人精神为代表的能源精神已经融入中华民族血液中，是中华民族自信、奋斗和勇气的象征，激励人们勇往直前，不断开拓创新。新时代的能源精神蕴含着爱党爱国、无私奉献的报国信念，彰显着自力更生、艰苦奋斗的民族品格，展示着解放思想、改革创新的坚强意志，凝聚着心系人民、众志成城的团结力量。新时代的能源电力行业要在继承与创新中发扬光大能源精神，勇于担当，为实现中华民族伟大复兴的中国梦作出贡献。

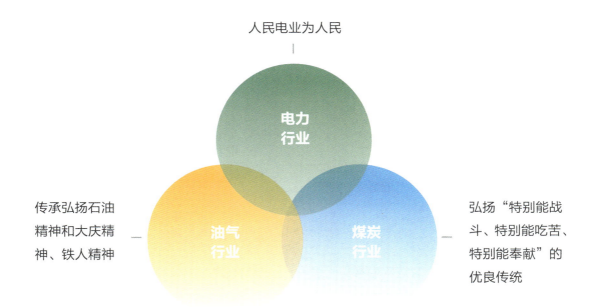

图 1-18　弘扬能源精神

人与自然和谐共生的现代化要求走出一条引领经济社会绿色发展的能源现代化发展道路

人口规模巨大和现代化的后发性，决定了我国实现现代化将面临更强的资源环境约束，而人口众多、资源相对不足、环境承载力较弱的基本国情，决定了中国式现代化必须摒弃大量消耗资源能源、肆意破坏生态环境的老路，努力走人与自然和谐共生的现代化道路。

人与自然是生命共同体，无止境地向自然索取甚至破坏自然必然会遭到大自然的报复。即使相对更优的新能源发展也要重数量更要重质量。在数量上，要提高新能源的开发和利用规模。在质量上，要注重新能源的科学性、可持续性和环保性，关注光伏电站对生态环境、风力发电对鸟类的影响等，实现经济、社会和环境的共同发展和长远利益。

要更加深刻地贯彻落实习近平生态文明思想，全面融入人与自然和谐共生现代化的实现过程之中，通过"能源+"等方式助力工交建等行业的用能方式升级和低碳工艺流程重塑，提供多元化生态产品，带动全社会形成低碳的生产生活方式，引领经济社会绿色转型。

积极稳妥推进碳达峰碳中和，能源是主战场，电力是主力军，要以安全降碳为前提推动能源清洁低碳转型，做好长期承接工交建等行业碳排放转移的历史任务。电力系统在发挥优化配置能源资源支撑经济社会发展的功能作用下，进一步增加承接碳排放转移、碳减排的新功能。

走和平发展道路的现代化要求走出一条 开放中合作与引领的能源现代化发展道路

坚定不移走和平发展道路，是从对历史、现实、未来的综合判断中得出的科学结论，是历史自信、道路自信和实践自信的有机统一。中国特色能源电力"双碳"之路要坚持高度包容性发展，通过国际能源合作着力保障开放条件下的能源安全，服务全球能源绿色低碳转型，为全球能源治理贡献中国力量。

国际能源合作

- 能源电力行业要走出一条开放条件下的能源安全保障之路，强化我国在关键矿产资源、传统油气资源、关键技术设备等能源生产消费领域的国际合作，以多元化提升能源产业链供应链韧性，携手维护关键能源产业链供应链稳定。

绿色低碳全球能源治理新格局

- 积极推动技术、产业、标准的全球化布局，深度融入国际能源组织，推动基础设施互联互通和项目合作，为全球能源治理提供更多的、更具有包容性的建设性方案和价值主张。打造交流合作平台、绿色融资渠道、争议解决机制等务实的公共产品，讲好"中国故事"，助力提升我国参与全球治理的能力，推动绿色"一带一路"走深走实。

04

总体路径：
建设新型能源体系，
走出中国特色能源电力
"双碳"之路

能源 — 经济 — 环境同步重大调整进程中，实现碳达峰碳中和具有长期性、动态性、复杂性，面临一系列机遇与挑战。能源领域作为"可持续发展三角"与"能源协同发展三角锥"的交汇点，以建设新型能源体系实现能源高质量发展将成为推动经济社会系统性变革的关键。总体来看，要牢牢把握中国式现代化的本质要求，加快规划建设新型能源体系，走出中国特色能源电力"双碳"之路，筑牢中国式现代化的能源根基。

新型能源体系的内涵与特征

能源安全	首要任务
重大科技创新、治理现代化	关键驱动力
现代化经济体系、现代化产业体系、全球治理体系	全面融合

新型能源体系的内涵

加快规划建设新型能源体系，是承载能源电力碳达峰碳中和目标的核心举措，体现了能源在经济高质量发展中的新定位、在社会主义现代化强国建设中的新作用，将为确保能源安全、把能源饭碗牢牢端在自己手里提供有力支撑，为我国经济社会高质量发展提供新引擎、注入新动能。

新型能源体系内涵

以持续夯实能源安全为首要任务，带动经济社会坚决贯彻全面节约战略，围绕重大科技创新、治理现代化两大关键驱动力积极稳妥推动能源绿色低碳转型，助力"双碳"目标实现，并与国家现代化经济体系、产业体系和全球治理体系全面融合，并成为融入和影响全球治理体系的重要战略工具。

新型能源体系的特征

| 安全为先 | 创新驱动 | 治理现代 |
| 开放共享 | 绿色低碳 | 节约集约 |

构建新型电力系统是新型能源体系的最核心内容之一，在一定程度上决定"双碳"转型的效果及成败。我国 95% 左右的非化石能源主要通过转化为电能加以利用，随着终端能源消费清洁替代深入推进，电力需求仍将持续增长，电力行业不仅要承接工业、交通、建筑等领域转移的能源消耗和碳排放，还要对存量化石能源电源进行清洁替代。同时着眼构建新发展格局，以低碳技术为代表的电力产业存在巨大的产业链衍生价值、技术引领价值和创新驱动发展价值，将成为支撑经济高质量发展的关键，转型发展势在必行且正当其时。

中国特色能源电力"双碳"路径

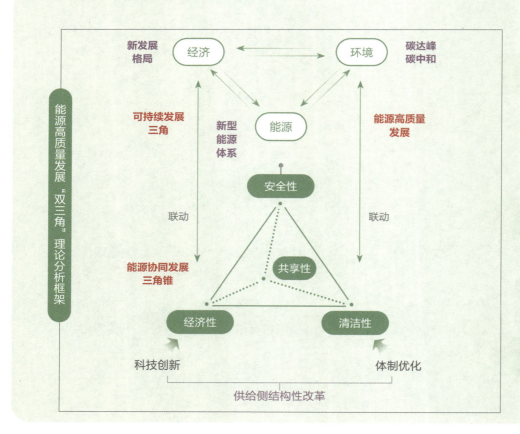

总体来看

谱写好中国式现代化绿色低碳篇章，走中国特色能源电力"双碳"之路，唯有实施能源供给侧结构性改革，发展现代能源经济，以技术创新与体制机制改革的办法，才能理顺经济、能源、环境三者新关系，破解新局面，解决新矛盾，实现两个"三角"在更高水平上的协调，走出一条战略层面高度不确定性下多目标权衡和统筹的最优路径，实现能源高质量发展。

具体来讲

走多目标统筹的能源高质量发展道路，需要坚持系统观念，从基本国情出发，围绕"双碳"路径的顶层设计，从战略支点、实施要点、治理痛点三端共同发力：以科技创新为第一动力，以产业升级为基础，以能源安全为前提，以节能提效为第一能源，以高质量能源供给为中心，以成本可承受为保障，以提升治理能力为根本，在统筹兼顾中协调处理好碳达峰、碳中和过程中各方面各领域的关系。

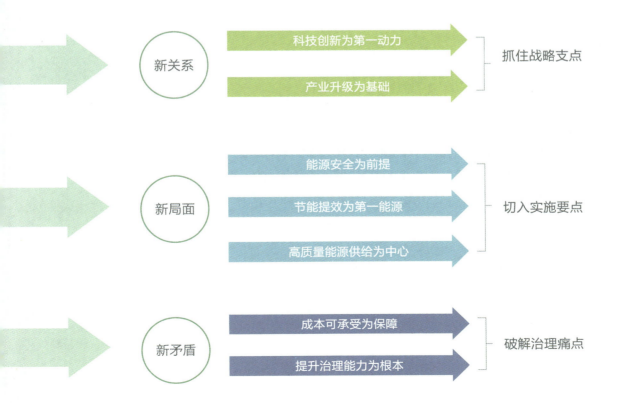

贰

守正创新的能源电力
碳达峰碳中和之路：
助力创造人类文明新形态

中国方案·中国特色

我国产业结构偏重，能源结构偏煤，能源消费仍在刚性增长，实现"双碳"目标减排量大、时间窗口紧，在能源持续发展中实现大规模减排面临巨大挑战。中国特色能源电力"双碳"之路要坚持守正创新，既要遵循各国的一般共同规律，也要充分认识中国的基本国情，坚持走自己的道路，为全球绿色发展贡献中国方案。

05

依靠产业结构调整与能源体系优化同频共振

能源低碳转型进程中，绿色发展理念正在并将深刻改变我国发展模式。新能源产业、能源数字经济等战略性新兴产业蓬勃发展，高碳产业结构转型升级与制造强国同步实现，推动终端和一次能源消费结构深度调整，助力我国经济增长新旧动能加速转换。

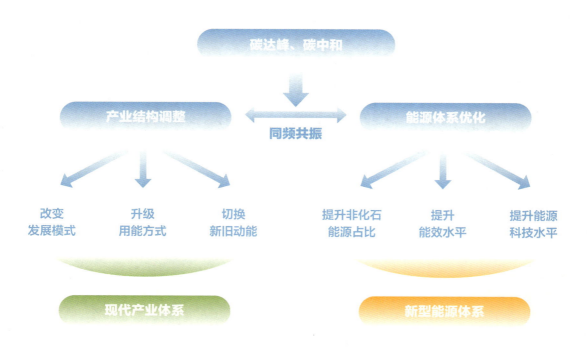

图 2-1　产业结构调整与能源体系优化同频共振示意

产业结构稳步优化升级，实现从制造大国向制造强国转变

现代化经济体系的建设离不开制造业的引领和支撑。我国产业结构偏重、能耗水平偏高，调整产业结构是实现"双碳"目标的必由之路。**为夯实实体经济根基，我国要走制造强国之路，要在确保制造业比重基本稳定、工业体系完整度不被破坏的情况下开拓新的工业化道路**。这决定了我国通过调整产业结构实现降碳的挑战巨大，并将对经济社会发展模式和能源低碳转型路径产生深远影响。

伴随着产业结构破旧立新、优化升级，工业部门进入高质量发展新阶段，资源节约型工业体系逐渐形成，能源消费同步实现深度转型。	以技术创新为引领大力发展具有全球竞争力的战略性新兴产业，创造新的经济增长极。电力要素与碳、数字、金融等要素高度贯通，衍生绿色金融、能源数字产业、能源低碳产业，衍生价值向多元化、高附加值方向发展。
传统产业加速提质增效，工业部门智能化、清洁化水平显著提升，绿色节能型工业发展模式逐步形成。	工业互联网技术快速发展，高附加值制造业逐渐在工业部门中占据主导地位，引领中国制造不断攀升新高度，实现"从大到强"的跨越。

实现碳达峰碳中和是产业结构调整和能源体系优化同频共振的过程。**不同的经济发展模式对应着不同的产业结构，也将带来相应条件下全社会最优的新型能源体系建设模式和能源电力的结构演化。这实质是在一定碳排放配额下，对工业、交通、建筑与能源、电力行业转型责任的分配问题，也意味着各行业不同的压力和最终不同的综合效果。**

基于此，本书以能源结构和产业结构"双升级"为关键考量，应用国网能源电力规划实验室自主研发的"中国能源经济环境系统优化模型"和"多区域电源与电力流优化系统GESP"，系统分析了能源电力碳达峰碳中和转型路径。

绿色生产和消费模式广泛形成，助力终端能源消费绿色转型

**节能高效发展模式
助力终端能源消费稳步达峰**

**产业结构深度调整推动
终端能源消费逐年下降**

终端能源消费预计在 2030 年前后进入峰值平台期，峰值约为 42 亿吨标准煤。石油和天然气终端需求依次在 2030 年和 2035 年前后达峰，煤炭消费稳步下降。

2030 — 2040 年间终端能源消费进入稳步下降期，随着产业结构的深度调整和能效水平的进一步提升，2040 — 2055 年间终端能源消费呈现加速下降趋势，2055 年后产业结构调整与新旧产能置换进程基本完成，终端能源消费总量趋于平稳，2060 年将降至约 25 亿吨标准煤。

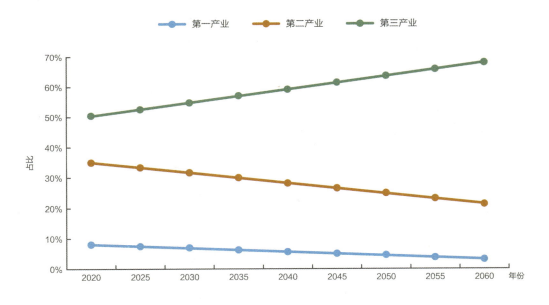

图 2-2　未来我国产业结构演化路径

电气化水平稳步提升，氢能利用潜步彰显，推动终端节能减排，驱动经济社会高质量发展

提升电气化水平是终端减排的重要手段之一，预计 2030 年终端电气化水平将超过 32%，2060 年将超过 70%。氢能作为一种绿色低碳的二次能源，将在 2030 年前后逐渐进入工业和交通领域，随着技术体系逐渐成熟，远期将在工业领域得到加速应用，到 2060 年占终端能源消费的比重有望达到 15%。

终端部门能源消费结构调整步伐加快，工业、交通、建筑部门依次达峰

工业部门能源消费于 2030 年前后达峰，峰值为 25.8 亿吨标准煤，2030 年后呈现稳步下降趋势，2060 年降至 10.8 亿吨标准煤。

交通部门能源消费将于 2035 年前后达峰，峰值为 7.1 亿吨标准煤，之后缓慢下降，2060 年降至 5.4 亿吨标准煤。

建筑部门能源消费将于 2040 年前后达峰，峰值为 9.3 亿吨标准煤，随着能源效率进一步提升，2040 年后逐渐下降，2060 年降至 8.6 亿吨标准煤。

图 2-3　我国分部门终端能源消费演化路径

06

满足能源电力消费需求刚性增长下实现绿色转型

近中期能源消费持续增长，2030 年一次能源消费总量预计达到 60 亿~ 67 亿吨标准煤，2020 — 2030 年能源消费需求特别是电力消费需求将刚性增长，平均增速约 2%。能源结构持续优化，预计 2030 年非化石能源消费占比提升至 25% 以上，2060 年达到 82%。电力领域多元化清洁能源供应体系逐步形成，电网资源配置能力持续提升。

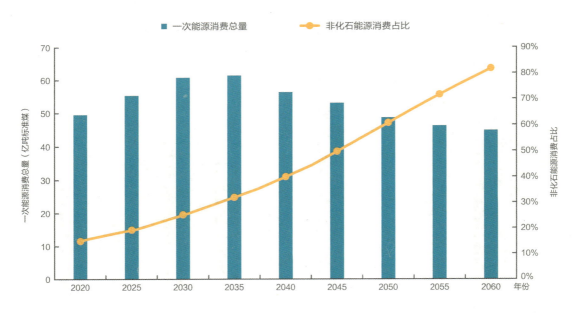

图 2-4 我国一次能源消费总量与非化石能源消费占比演化趋势

煤炭清洁高效利用与新能源发展统筹并举，走出一条能源增长中的稳步重塑之路

■ **一次能源消费总量2030－2035年进入峰值平台期，预计峰值将达到60亿～67亿吨标准煤**

我国正处于新型工业化、信息化、城镇化、农业现代化快速发展阶段，能源消费将保持刚性增长态势。考虑新增可再生能源和原料用能不纳入能源消费总量控制、能耗"双控"逐步向碳排放总量和强度"双控"转变等影响，我国经济发展可以选择一条以相对宽松的能源消费峰值实现能源低碳转型的道路。

综合考虑经济发展、能效提升等因素，我国一次能源消费总量发展可分为三个时期：

上升达峰期	平台期	稳步下降期
2020－2030年是我国一次能源消费上升达峰期。	2030－2035年我国一次能源消费进入峰值平台期，需求总量稳定在60亿～67亿吨标准煤。	随着产业深度调整及终端能效的进一步提高，2035年后一次能源需求稳步下降，预计2060年降至45亿吨标准煤左右。

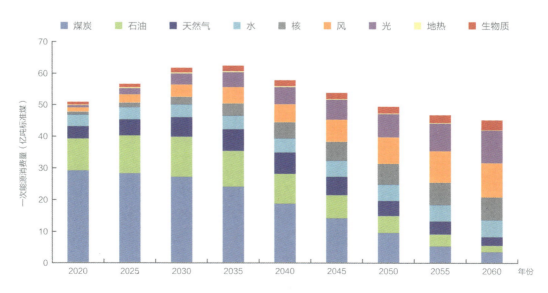

图 2-5　我国一次能源消费演化路径

■ 非化石能源消费占比持续提升

预计 2030 年非化石能源消费占比提升至 25% 以上，2060 年达到 82%。 风、光等新能源是增长最快的非化石能源，预计 2030、2060 年占一次能源消费总量比重将分别达到 11% 和 46% 以上。

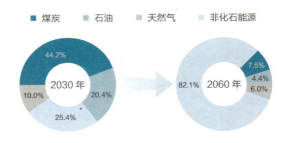

图 2-6　从 2030 年到 2060 年中国能源结构的变迁

■ 煤、油、气一次能源消费依次达峰

煤炭消费占比稳步下降，但在我国一次能源结构中仍占据重要地位

当前煤炭消费处于峰值平台期，预计 2030 年后，随着电力行业加速清洁替代，煤炭消费总量处于稳步下降阶段，到 2060 年降至 3.4 亿吨标准煤，占一次能源消费总量的 7.5%，主要用于发电和工业还原剂。

石油在重工业领域是对煤炭的重要补充，同时是交通部门的主要能源消费品类

近中期，工业及交通行业对石油需求仍然呈上升趋势，石油消费总量预计于 2030 年前后达峰，峰值为 12.7 亿吨标准煤。2030 年后，随着新能源交通工具加速替代传统燃油交通工具，石油消费总量稳步下降，到 2060 年降至 2.0 亿吨标准煤，占一次能源消费总量的 4.4%。

天然气是我国能源低碳转型过程中的重要过渡能源

在工业和建筑部门，由于近中期电力对煤炭替代能力有限，天然气将承担替代能源角色，消费总量预计于 2035 年前后达峰，峰值为 6.9 亿吨标准煤。2035 年后，天然气消费总量逐渐下降，到 2060 年降至 2.7 亿吨标准煤，占一次能源消费总量的 6%。

■ **电力稳步实现绿色低碳转型**

碳达峰阶段，70% 以上新增电力需求由非化石能源发电满足。 未来全社会用电需求仍有较大增长空间，预计 2030 年全社会用电量达到 11.9 万亿千瓦时。2020 － 2030 年期间，近 80% 的新增电源装机为非化石能源发电，70% 以上新增用电量需求由非化石能源发电满足。2030 年非化石能源发电装机占比约为 60%，发电量占比约为 46%。煤电、气电仍将发挥重要的电力安全保障作用，2030 年发电量占比分别为 47%、5% 左右。

碳达峰后的中和阶段，非化石能源发电实现"电力需求增量全部满足，存量逐步替代"。 2030 年以后，以新能源为代表的非化石能源发电可满足全部新增用电量需求，同时实现对存量化石能源发电的逐步替代。预计 2045 － 2050 年电力需求增长趋于饱和，2060 年全社会用电量达到 15.7 万亿千瓦时，非化石能源发电量为 14.3 万亿千瓦时，占比达到 91%，其中新能源发电量占比约为 52%。

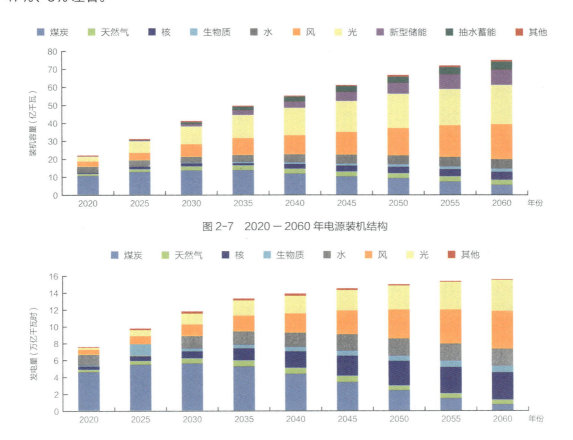

图 2-7　2020 － 2060 年电源装机结构

图 2-8　2020 － 2060 年发电量结构

打造多元化清洁能源供应体系

未来各类型清洁电源发展定位是电力低碳转型的焦点问题。单纯依赖新能源增长并不科学，需要在统筹平衡、功能互补的前提下，明确各类型电源发展定位，实现能源绿色低碳转型与灵活性调节资源补短板并重、水核风光储等各类电源协同发展。

积极拓展新能源发展模式和多元化利用。我国新能源发电资源潜力丰富、产业链完备且成本处于下降通道中，可持续高比例大强度开发利用，在对化石能源替代过程中将发挥决定性作用。未来需积极推进"沙戈荒"大规模风光电基地开发，稳步推进西部北部风光电基地集约化开发，因地制宜发展东中部分布式光伏、分散式风电和海上风电。中远期来看，随着新能源渗透率提高，受出力日内大幅波动和系统长周期调节能力不足影响，单纯依靠电力系统难以充分利用新能源，跨系统发展碳循环经济是新能源多元化利用的可行方式。

科学确定煤电功能定位及存量资产退出节奏。近中期来看，煤电装机及发电量仍有一定增长空间，新增煤电主要发挥高峰电力平衡和应急保障作用，预计煤电装机峰值约14亿千瓦；同时，为了配合非化石能源发展，积极开展存量煤电机组改造升级，推动煤电清洁高效利用并向支撑性、调节性电源转变，积极承担系统调节、高峰电力平衡功能。远期来看，为了实现电力系统深度降碳，煤电装机及发电量稳步下降的同时，需积极开展煤电 CCUS 技术改造，为电力系统保持惯量电源，并发挥极端气象情景下兜底保障作用。

积极推进水电开发。2030 年以前，加快推进西南地区优质水电站址资源开发，2030年后重点推进西藏水电开发。2030 年常规水电装机容量超 4 亿千瓦、年发电量约 1.5万亿千瓦时。除西藏以外，全国其他地区水电开发率达 80% 以上，2040 年基本开发完毕，2060 年装机容量 5 亿千瓦以上。

适当发展气电，增强系统灵活性和实现电力多元化供应。气电度电排放约为煤电的一半，灵活调节性能优异，适当发展是保障电力安全稳定供应的现实选择。气电发展定位以调峰为主，预计 2030、2060 年，气电装机容量分别达到 2 亿、3 亿千瓦，未来仍需重视天然气对外依存度、发电成本和技术类型问题，积极探索天然气掺氢、氢气和二氧化碳制取天然气等碳循环模式作为补充气源。

在确保安全的前提下有序发展核电。 2030年前，年均开工 6 ～ 8 台机组，2030 年核电装机容量 1.2 亿千瓦。随着沿海站址资源开发完毕，2030 年后适时启动内陆核电，2060 年装机容量 4 亿千瓦以上。

合理统筹抽水蓄能和新型储能发展。 近中期，在站址资源满足要求的条件下，抽水蓄能应优先开发，为保证电力平衡并提供系统惯量，中远期进一步挖掘优质站址资源，考虑开展新一批选址、利用现有梯级水电水库等方式持续开发抽水蓄能。为满足电力平衡和新能源消纳需求，中远期新型储能将迎来快速发展。

更好地发挥电网基础平台作用

充分发挥电网的能源转换枢纽和基础平台作用，推动能源电力低碳化发展。 电力是能源发展方式转变的中心环节，需加快完善以特高压为骨干网架的坚强智能电网。送端建设坚强主网架，支撑大型能源基地开发，实现风光水火多能互补，提高清洁能源外送效率。受端依托大电网，支撑多馈入直流安全运行，保障东中部能源供应安全。

着力打造可靠性高、互动友好、经济高效的一流现代化配电网， 适应分布式能源、微电网、电动汽车和储能等设施的大量接入，推动源、网、荷协调发展和友好互动，更好地满足清洁能源大规模、高比例接入的需要。

07

主动达峰、稳步中和

随着我国新型工业化、新型城镇化快速发展，碳排放仍处于惯性上升阶段，碳减排目标下主动达峰需求迫切。不同于欧美发达国家碳排放自然达峰后逐渐减排，我国将走出一条主动达峰、稳步中和的碳减排道路。全社会碳减排路径分为上升达峰期、稳步降碳期、加速减碳期、碳中和期四个阶段，考虑低碳零碳负碳技术突破不确定性和技术经济性发展预期，达峰至中和阶段采用"先慢后快"的碳减排道路更宜。

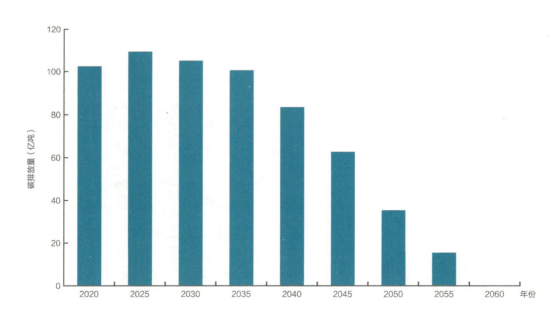

图 2-9　全社会净二氧化碳排放量

碳达峰、碳中和是两个紧密相关而又特点各异的过程，需做好远近协同、统筹谋划

在实现未来经济社会发展目标的过程中，要警惕碳达峰变成"攀高峰"。过高的峰值，一方面可能带来环境污染反弹，另一方面将对中和过程中的减碳规模、速度、技术、成本等提出更高要求。因此，需要统筹考虑发展空间、代际公平、社会投入产出等，科学设定碳排放峰值目标。

碳排放峰值、达峰时间决定了碳中和过程中碳减排总目标和年均减排量

紧密相关

碳达峰过程 **碳中和过程**

特点各异

碳排放上升至峰值过程

- 碳减排主要依靠新增能源需求的清洁替代、产业链供应链增量的绿色替代升级实现
- 不同地区经济发展对化石能源路径依赖程度差别较大，部分高耗能、高排放地区存在为了发展牺牲环境的问题

碳排放持续下降过程

- 碳减排依靠增量替代的同时，碳中和目标还是主要依靠化石能源消费存量的清洁化替代、产业链供应链存量的绿色转型升级实现
- 不同行业间脱碳难易程度差异将带来行业碳中和时序统筹需求
- 碳中和需要产业结构系统性变革，依赖技术、政策机制的全面创新和突破

全社会碳减排路径分为上升达峰期、稳步降碳期、加速减碳期、碳中和期四个阶段

上升达峰期（2020－2030年）

2020－2030年间，我国全社会二氧化碳排放处于上升达峰期，将于2030年开始进入峰值平台期。全社会二氧化碳排放[1]峰值约120亿吨，其中能源燃烧二氧化碳排放峰值超过105亿吨，达峰至中和阶段全社会碳减排需求约年均3.5亿吨，为同期欧美国家的10倍。

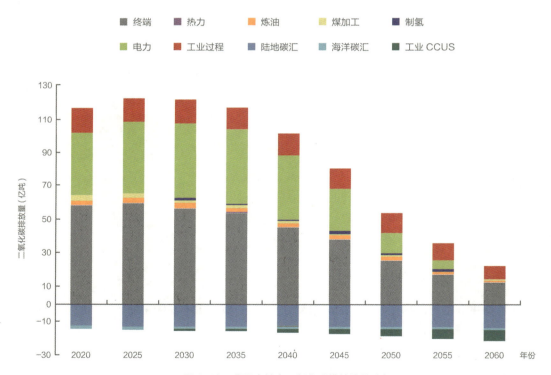

图2-10　我国全社会二氧化碳排放演化路径

---

[1] 全社会二氧化碳排放包含能源燃烧二氧化碳排放和工业过程二氧化碳排放，并扣除二氧化碳捕集、利用与封存量，生物质燃烧排放量不纳入核算；

能源燃烧二氧化碳排放主要指由煤炭、石油、天然气等化石能源燃烧活动产生的排放；

全社会净排放由全社会二氧化碳排放量扣除自然碳汇吸收量得到。

分部门来看，终端各部门二氧化碳排放达峰时间有所差异。工业与农业二氧化碳排放均在 2020 － 2025 年达峰，之后稳中有降；建筑部门次之，碳排放 2025 － 2030 年达峰，2030 年后稳步下降；交通部门较迟，预计 2030 － 2035 年达峰。

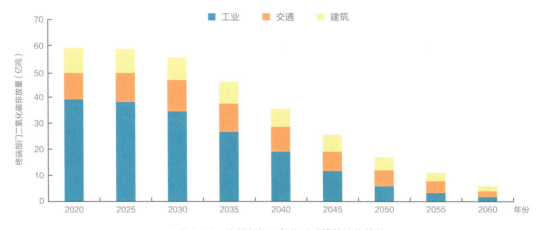

图 2-11 终端部门二氧化碳碳排放演化趋势

新型工业化、新型城镇化进程中我国需走出一条主动达峰的特色之路

欧美主要发达国家随着经济结构调整和产业转移，碳排放早已达到峰值，且达峰后经历了漫长平台期才开始进入缓慢自然下降阶段，实际上走的是一条自然达峰后的缓慢减排之路，碳减排阻力小，经济社会发展代价低。

我国仍处于新型工业化、新型城镇化战略快速发展阶段，经济社会发展的能源消费需求仍将保持刚性增长，考虑高碳能源资源禀赋和能源消费结构现状，我国碳排放仍处于惯性上升阶段，减排目标倒逼下既需要主动达峰，也必须满足经济发展所需环境空间，考虑产业升级可行节奏，面临较大统筹平衡压力。

碳达峰过程，若放任高耗能、高排放项目盲目发展，抬高我国碳排放峰值，将给我国实现碳中和目标带来较大成本代价和技术风险

从成本代价来看

碳排放峰值越高，碳排放峰值平台期将越短，需加快推进能源密集型产业和传统化石能源行业向低碳转型。这个过程中过多的高碳能源基础设施将带来碳排放锁定效应，达峰后快速减排过程中难以充分利用，实现碳中和目标的经济代价将大幅提升。以电力系统转型发展为例，电力碳排放峰值每提高 1 亿吨，碳中和阶段电力供应成本将提高 0.8% ~ 1.4%。

从技术风险来看

碳排放峰值越高，在碳达峰至碳中和阶段，年均碳排放强度降低需求越高，对节能能效技术、清洁能源技术、碳移除和碳利用技术的依赖性越高，技术发展不确定性将增加碳中和目标实现风险。

控制电力系统峰值水平更有利于降低中和目标的实现难度

仅从电力系统完成碳达峰角度看，难度并不大，但峰值水平对碳中和目标将产生较大影响，若不控制峰值水平，实现中和目标将面临电力供应成本、碳减排量、新能源和储能发展、煤电退役及 CCUS 改造等方面更大挑战。

电力部门晚达峰助力全社会稳步达峰

电力部门因电能替代承接来自终端用能部门的减排压力，从全社会角度看，以电力部门晚达峰助力全社会稳步达峰是统筹安全、经济、低碳目标下的较优方案。电力是上升达峰期最主要的碳排放增长部门，预计 2030 年以后进入峰值平台期。由于 2030 年前难以完全依靠新增非化石能源发电满足新增电力需求，未来工业、交通、建筑等部门电气化带来用能转移的同时，也将碳排放转移至电力部门。预计电力部门碳排放峰值约 47 亿吨（不含供热碳排放）。整体上，电力碳排放稍滞后于其他行业达峰，将有助于全社会稳步达峰。

稳步降碳期（2030－2040年）

2030－2035年间，我国全社会二氧化碳排放处于峰值平台期。 2030年后，终端电气化水平提升和清洁能源快速发展，二氧化碳排放总量稳中有降。随着产业结构加速调整，重工业落后产能逐步被淘汰，**到2040年，全社会二氧化碳排放总量降至87亿吨左右，其中能源燃烧二氧化碳降至74亿吨左右。** 电力部门碳排放达峰后，经历3～5年峰值平台期，之后稳步下降。预计2035－2040年期间电力碳排放年均下降2亿吨左右。

图2-12　我国电力行业二氧化碳排放演化路径

电力系统碳排放达峰以后，经历碳排放峰值平台期的减排路径技术经济性更优

相对于电力碳排放达峰后立即稳步下降的减排路径，延长碳排放峰值平台期路径下，新能源发展前期放缓、后期加快，煤电经CCUS改造留存规模降低，碳达峰至碳中和阶段电力供应成本小幅下降。测算表明，适当延长碳排放峰值平台期至5年左右，碳减排路径下电力供应成本降低1%～2%，煤炭退役高峰时期延迟到2040－2050年期间。然而，未来碳中和实践路径将更加依赖于相关技术发展突破进程。

加速减碳期（2040 — 2050 年）

2040 — 2050 年期间，我国碳排放进入加速下降期。电力部门多元化清洁能源供应体系基本形成，新能源实现对部分存量火电稳步替代，电力碳排放加速下降。到 2050 年，随着产业结构调整基本完成，能效水平显著提升。我国全社会二氧化碳排放总量降至约 47 亿吨。

电力行业"先慢后快"稳步中和的减排路径技术经济性更优

电力"双碳"路径规划呈现强技术驱动特性，高度依赖新型储能、CCUS、氢能等前沿技术，制定过早过快大规模应用上述技术实现快速减排的路径方案，将面临技术突破不确定风险和高转型成本代价。

2020 — 2060 年累计电力碳排放量保持不变的情况下，在达峰后进入一定时间峰值平台期、然后稳步减排、最后快速减排的电力减碳路径（即先慢后快的"凸曲线"）技术经济性更优。测算表明，若电力减碳路径采用达峰后匀速下降的"斜直线"路径或先快后慢的"凹曲线"路径，将对新能源和脱碳技术发展提出更高要求，电力供应成本将提高 4% ~ 8%。

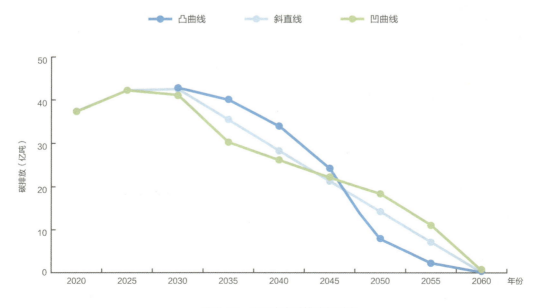

图 2-13　不同电力减排路径对比

碳中和期（2050－2060 年）

2050－2060 年，我国碳排放下降速度进一步加快，进入碳中和期。 碳中和期，工业、交通、建筑等部门仍然无法通过零碳技术实现完全净零排放，需要借助自然碳汇实现碳中和。除去 CCUS 等人工固碳措施的碳吸收量，2060 年仍有约 15 亿吨的二氧化碳需要通过自然碳汇进行移除，实现社会经济系统的净零排放。

> 2050－2060 年电力碳排放年均降低 1.5 亿吨，2060 年实现净零排放，其中煤电、气电碳排放分别为 5.6 亿、2.4 亿吨（不计 CCUS），火电 CCUS 碳捕集量（含生物质）约 7 亿吨。

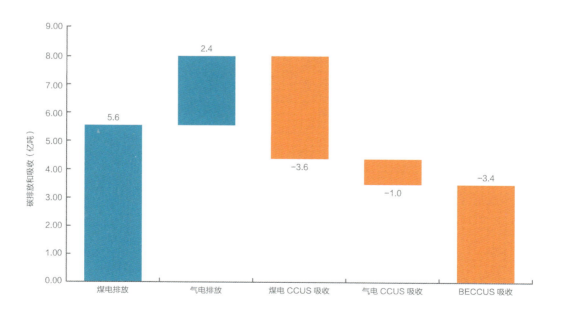

图 2-14　2060 年电力净零排放结构

08

区域间低碳转型协调发展

立足全国一盘棋,加强路径顶层设计,需要正确处理整体与局部的关系,需要坚持系统优化思维、兼顾质量效率公平的原则,从地区、行业、时期三个维度,统筹协调好碳预算、碳强度、能源强度、经济社会发展等整体和局部目标的关系。

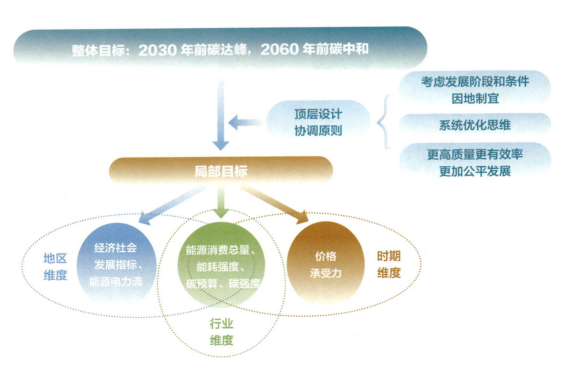

图 2-15 碳达峰碳中和整体与局部关系系统筹示意

协调各地区、行业间的碳达峰时序和碳减排任务，支持有条件地区和行业率先达峰

> ### 从地区维度来看

设计合理的区域间碳配额分配机制，并通过完善的交易机制推动全国各地区之间相互协调、共同发展、合力减碳；统筹全国整体与局部各地区间的碳预算、碳强度、能耗强度等指标；统筹能源电力流流向与跨区碳流动核算机制，需要在实现能源清洁低碳转型整体目标下，依据各地区能源资源禀赋和经济发展阶段差异，统筹能源电力流流向与碳流向核算机制。

> ### 从行业维度来看

需要统筹全社会整体与各行业局部间的碳预算分配。行业碳预算的多寡代表了减排责任，也意味着国家对不同产业在资金投入、政策扶持和各类资源倾斜方面的战略抉择，应综合考虑国际竞争、产业培育、技术创新、成本收益、行业间排放转移等因素统筹决策。

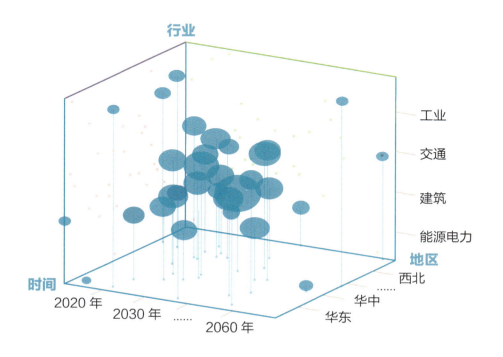

图 2-16　区域与行业协同减碳责任示意

区域间电力低碳转型协调发展

区域电力低碳转型协调发展是按照全国一盘棋原则，综合考虑不同区域的比较优势及其演变趋势，遵循安全为前提、综合成本最优、动静结合、求同存异、兼顾公平的原则，优化各区域电力低碳转型路径，从而实现转型的协调。

各区域电力低碳转型路径

坚持全国一盘棋

遵循安全为前提、综合成本最优、动静结合、求同存异、兼顾公平的原则

不同区域的比较优势及其演变趋势

| 西北区域 | 东北区域 | 华北区域 | 蒙西区域 |
| 华中区域 | 华东区域 | 南方区域 | 西南区域 |

一是安全为前提原则。 区域电力低碳转型以保障电力安全供应为前提，实现电力电量供需平衡以及调节能力的充足。

二是综合成本最优原则。 区域电力低碳转型需要在全国层面上与经济发展进行整体优化，实现全社会的综合发展成本最低。

三是动静结合原则。 区域电力低碳转型的目标或方向（即为"静"）是明确的，但节奏与程度（即为"动"）需要进行动态调整。

四是求同存异原则。 "同"是要缩小区域电力低碳转型差距，"异"是区域电力低碳转型要因地制宜，适应各区域比较优势的演进趋势。

五是兼顾公平原则。 碳排放权代表发展权，区域与区域间根据不同发展阶段和条件，统筹考虑减排责任分配。

需以系统思维谋划区域电力低碳转型协调发展

碳排放权亦是发展权，考虑各区域发展空间的公平性，华北、东北区域电力碳达峰可早于全国，西南区域电力碳达峰时间与全国基本相当，西北、华中区域可晚于全国。然而，统筹区域间达峰次序意味着可能给部分地区带来经济发展受损代价，将削弱区域减排协同意愿，这需要统筹推进相关支持政策。

西部区域达峰关键在于大型风光基地中支撑性低碳或负碳技术的规模化应用

未来西部大型新能源基地既要服务于外送电又需要满足本地用电，为了保障供应及外送的稳定性，需配套一定支撑性煤电，区域电力碳排放无法快速达峰。达峰时点主要取决于可以安全可靠对大基地中传统煤电进行替代的支撑性低碳或负碳技术的规模化应用时点，如光热、煤电 +CCUS、长周期储能等。

面对东部区域达峰时间与峰值不确定性，需在做好技术准备的同时留好应急后手

西部区域"绿电先行、产业跟随"间接推动东部区域加速产业转移与产业升级，使得东部具备更快、更小峰值地实现电力碳达峰的条件。近两年中央提出"纠正运动式减碳""积极稳妥推动碳达峰碳中和"，要求地方政府推动"双碳"转型的方式、节奏更加科学合理，要统筹考虑能源电力保供、能源供应链产业链风险等，以先立后破实现科学达峰、有序降碳，总体看东部区域电力碳达峰的时间与峰值均存在较大不确定。未来对于东部区域来说，一方面，打好主动仗、下好先手棋，加快规模化应用包括分布式新能源、海上风电、核电、常规水电等非化石能源发电技术，尽早实现电力碳达峰；另一方面，考虑远海风电与核电将是东部电力碳达峰之后实现降碳的主要抓手，近期需要加快布局，以实现碳达峰之后的顺利脱碳。同时，若东部未能如期实现更早达峰，需要留足应急后手，一方面东部区域自身要做好控制高能耗产业发展、加大碳汇技术攻关和应用等准备，这可能会使经济发展一定程度受损；另一方面全国层面要根据各区域达峰中和实际情况和发展条件，通过"双控"政策等手段滚动调整和引导不同区域达峰目标和节奏，确保整体达峰目标如期实现。

跨区输电需要发挥更加显著的资源优化配置作用，中部区域有望成为全国电网格局中具有接续与互济功能的重要节点

"沙戈荒"大型风光电基地规划建设背景下，"绿电"为主的"西电东送"规模进一步扩大，电网资源优化配置平台的作用将更加显著。考虑中部区域所处的地理位置与送、受端兼具的特点，依托华中环网，碳达峰后，中部区域有望成为东部区域与西部区域之间的接续送电节点。一方面，随着雅鲁藏布江下游水电的开发，承载西南电力接续输送任务；另一方面，在跨区输电中发挥更大的调节作用，提升区域间电力互济的效率。

09

3E 关系重塑
创造人类文明新形态

"双碳"目标叠加国家多重战略部署下，我国经济－能源－环境关系（3E 关系）向新发展格局－新型能源体系－碳达峰碳中和同步重塑，经济遵循"低消耗、低污染、高效益"模式稳步发展，能源利用方式加快转变，资源节约型和环境友好型产业结构、生产方式、生活方式、空间格局逐渐形成，生态环境质量稳步提升，经济、能源、碳排放之间逐步实现脱钩，共同创造人类文明新形态。

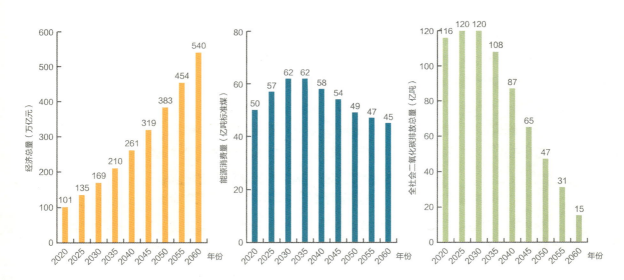

图 2-17　中国经济、能源消费及碳排放总量演化趋势

单位 GDP 能耗持续下降

经济增长对能源消费的依赖程度将持续降低，单位 GDP 能耗持续下降。预计 2030 年单位 GDP 能耗较 2020 年降低 27%。2040 — 2060 年期间，能源消费总量持续下降，同时产业结构大幅优化，能效水平显著提升，预计 2060 年单位 GDP 能耗较 2030 年下降 75% 以上。

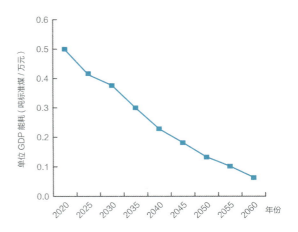

图 2-18　"双碳"路径下我国单位 GDP 能耗

单位 GDP 碳排放稳步降低

伴随产业结构调整和能源结构优化，单位 GDP 碳排放稳步下降。随着产业结构调整逐步完成、清洁能源替代加速和 CCUS 等低碳技术广泛应用，我国单位 GDP 碳排放稳步下降，到 2060 年将降至 0.03 ~ 0.05 吨二氧化碳 / 万元。

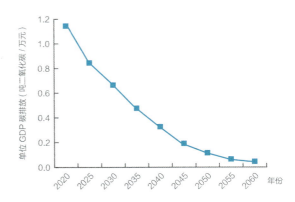

图 2-19　"双碳"路径下我国单位 GDP 碳排放

产业结构转型升级驱动高质量发展，经济增长与能源消费增长稳步脱钩

2035 年前后，我国经济增长和能源消费增长进入脱钩状态。 2030 － 2035 年，在产业结构调整及节能提效措施影响下，我国能源消费进入峰值平台期，高端制造业及高附加值服务业成为驱动经济增长的新动能，经济稳步健康增长，并开始与能源消费增长脱钩。2035 年后，随着我国产业结构的深度调整和能效水平的显著提升，我国经济增长与能源消费增长处于完全脱钩状态，经济社会将进入强可持续发展的新阶段。

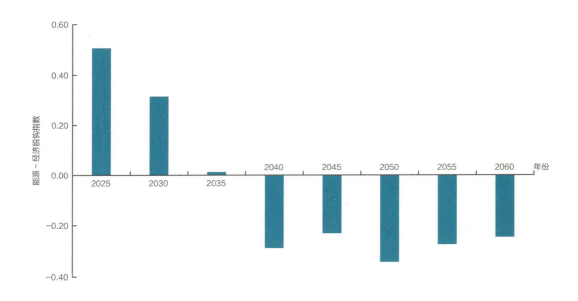

图 2-20　我国经济增长与能源消费增长脱钩指数变化趋势

脱钩指数是用来描述经济增长与资源消耗或碳排放之间联系的指数，通常将脱钩临界值设定为 0、0.8 和 1.2，将脱钩状态分为强脱钩、弱脱钩、负脱钩等八个类别。经济与能源消费（碳排放）脱钩意味着经济增长对能源消费（碳排放）的依赖减弱。

经济增长与碳排放脱钩，塑造人类文明新形态

未来我国经济系统、能源系统与环境系统三大系统逐步实现协调发展，"高效益、低能耗、低排放"的经济增长模式逐渐形成，生态环境质量稳步提升。在产业结构调整及能源低碳转型影响下，我国碳排放增速放缓并稳步下降，经济增长与碳排放逐步脱钩，形成绿色低碳循环发展的经济体系。

总体而言，近期经济增长与碳排放仍存在一定耦合关系，2020－2030年间，我国经济增长与碳排放保持正增长趋势，两者的脱钩指数保持在0.6以下，呈现弱脱钩状态。2030年后，经济增长与碳排放实现完全脱钩，单位GDP能耗和单位GDP碳排放脱钩程度逐渐加强，低碳和近零排放的相关高新技术产业成为经济发展的新动能，形成生态文明与经济高质量发展的良性互动。

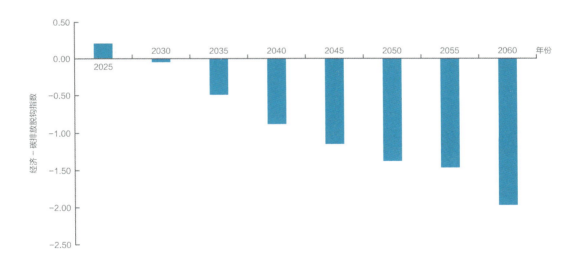

图 2-21　我国经济增长与碳排放脱钩指数变化趋势

能源科技自立自强之路：激发"第一动力"

系统谋划科技创新与"双碳"转型

科技创新是"双碳"转型的第一动力，在高质量发展中的功能和作用更加突出，科技自立自强的重要性和紧迫性更加凸显。"双碳"转型是复杂系统性工程，面临全方位挑战，必须充分发挥科技创新的引领作用，全面考虑与技术发展的一体化布局，突出融合创新、集成创新和协同创新。

10

科技创新是"双碳"转型的第一动力

纵观能源发展历史，科技创新引领每一次能源转型。面向"双碳"，我国必须坚持科技是第一生产力、创新是第一动力，完善科技创新体系，加快实施创新驱动发展战略，以关键技术的重大突破支撑高质量发展。

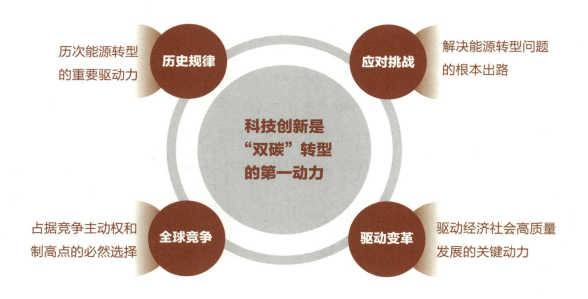

图 3-1　科技创新是第一动力

"科学技术是生产力"是马克思主义的基本原理。马克思深刻地指出："社会劳动生产力，首先是科学的力量。大工业把巨大的自然力和自然科学并入生产过程，必然大大提高劳动生产率"。**科技创新之于能源"双碳"转型意义深远，新一轮科技革命和产业变革与我国加快转变经济发展方式将形成历史性交汇，为我们实施创新驱动发展战略提供了难得的重大机遇。**

从历史规律看 科技创新是每一次能源转型背后的重要驱动力

第一次能源转型，以蒸汽机技术为代表的能源科技创新推动煤炭走上历史舞台。

第二次能源转型，以内燃机技术为代表的能源科技创新使石油和天然气成为经济社会发展的新血液。

第三次能源转型，电力领域是核心，主导能源将从化石能源转向可再生能源，克服可再生能源开发的技术瓶颈以及提升能效是关键。

从应对挑战看 科技创新是解决能源转型各种问题的根本出路

能源低碳转型不可避免地带来了诸如安全稳定运行风险突出、系统成本上升、清洁低碳化任务加重等挑战，技术进步无疑是解决这些问题最锐利的武器。当前我国支撑碳达峰碳中和的绿色科技在基础研发、示范推广、标准体系等方面还存在不足，必须依靠科技创新，依托新理论、新方法、新材料和新设备，加快重大前沿科学技术难题攻关。

 "双高"电力系统面临规划运行机理不清晰挑战

 未来保障电力系统安全稳定运行需要突破其多能耦合规划机理、形态演进机理与安全稳定分析基础理论。

 我国能源生产与消费面临降碳挑战

依托新型清洁能源发电技术、碳捕集利用与封存技术实现电源侧降碳。

 交流电网形态逐步演化,维持稳定运行的物理基础被不断削弱

 加强"沙戈荒"大基地外送技术攻关,突破灵活柔性输电等技术应用,提升电网运行灵活性,提高资源配置能力;建立"双高"电力系统稳定性认知、分析的新理论;推动建设适应分布式、微网等发展的智能配电网。

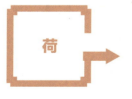

 需求侧面临提升能源效率挑战

 依托多能转换与能源综合利用技术,实现电能与其他能源的高效转换和互补利用,助力用能清洁化和提升能源系统综合效率。

 电力系统发用电实时平衡模式深刻变化

 依托能够与电能高效双向转换且能够大量长期存储的储能,使"发—用"实时平衡变为"发—储—用"实时平衡,以储能为媒介实现发用电逐步解耦。氢能是满足长周期平衡调节需求的重要技术手段。

| 从驱动变革看 | **科技创新是引领能源高质量发展，驱动经济社会系统性变革的关键动力** |

技术创新将驱动能源生产消费模式的全方位变革，带来产业革命和经济社会的系统性变革，也将带来发展模式的全方位转变。面向经济社会发展主战场，以能源科技革命引发产业革命，转化为经济社会发展推动力。坚持产业化导向，加强行业共性基础技术研究，努力突破制约产业优化升级的关键核心技术，为转变经济发展方式和调整产业结构提供有力支撑。以培育具有核心竞争力的主导产业为主攻方向，围绕产业链部署创新链，发展科技含量高、市场竞争力强、带动作用大、经济效益好的战略性新兴产业，把科技创新真正落到产业发展上。

| 从全球竞争看 | **科技创新是实现科技自立自强，占据科技竞争主动权和制高点的必然选择** |

碳达峰碳中和本质上是一场技术创新和发展路径创新的竞赛。能源技术革命将触发新的工业革命已是共识，只有通过掌握核心技术，抢占新工业革命的制高点，成为新一轮竞赛规则的制定者和主导者，才能在未来的能源体系中占据主动。当前，全球许多国家和地区在积极布局绿色低碳产业、发展清洁技术。从碳汇机理的研究、碳源碳汇的监测、核算，到高效储能、氢能、碳捕集利用与封存等关键核心技术的突破，再到重点行业的节能减排、绿色转型发展，只有在这些具有前瞻性的领域占据领先地位，才可能在竞争中占据主动。

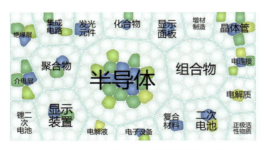

图 3-2　全球主要机构新型储能领域专利分布

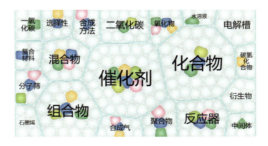

图 3-3　全球主要机构氢能领域专利分布

11

关键科技创新
引领能源"双碳"转型

能源电力"双碳"具有强技术驱动特征，然而能源科技创新具有显著不确定性，未来关键低碳技术的线路布局、突破方向、突破时点及性能指标均会产生路径"切换"的影响。一方面，新型储能、CCUS、氢能等前沿技术在已设计的实施路径中不可或缺，但这些技术的研发突破、商业应用等面临强不确定性。另一方面，近 40 年跨度中可能出现潜在的、难以预见的颠覆性技术，使电力"碳中和"走上完全不同的发展路径。

表 3-1　"双碳"目标下关键能源电力技术

技术	近中期	中远期
新型清洁能源发电技术	突破深远海风电及超大型海上风机技术、先进太阳能热发电技术；水电以生态保护为前提，兼顾开发经济性，以基地化开发为主	推动新能源的低成本、大规模、高效率开发利用，大幅提升大规模新能源基地稳定运行和送出能力
新型储能技术	抽水蓄能优先发展；电化学储能率先达到规模化应用水平，形成以抽水蓄能和电化学储能为主，多类型储能协同发展的储能体系	突破大容量、长寿命、跨季节储能技术
碳捕集、利用与封存技术	建成多个基于现有技术的工业示范项目并具备工程化能力；现有技术开始进入商业应用阶段并具备产业化能力；部分新型技术实现大规模运行	CCUS 系统集成与风险管控技术得到突破；CCUS 技术实现广泛部署，建成多个 CCUS 产业集群
先进核电技术	突破核岛先进主泵、核电站数字化仪控系统及关键芯片、多用途高效能小型先进反应堆、大型核电基地核能综合利用等技术	突破可控核聚变关键技术
氢能技术	全面布局可再生能源制氢、氢能高效储运和利用技术及装备，实现关键装备全面国产化和应用，技术水平跻身国际领先	形成多元化氢能源利用体系，强化氢能在工业、能源领域替代，突破电－氢－碳耦合过程建模与仿真、长周期平衡等技术
多能转换与综合利用技术	突破需求响应技术；研发专业化普及应用工具；建立全流程数字化信息平台，实现项目精准化管理、专业化运维、科学化认定	突破能效计量与能源高效利用技术；突破以数字孪生、人工智能、区块链为核心的节能与综合能源技术
电力数字化技术	突破一体化封装传感器、异构融合管控、隐私数据安全共享、智能调控等技术	突破超高速可穿戴传感器、通信与计算融合、全环节实时仿真计算、智慧能源电力系统等技术
余热回收利用技术	突破热泵与工业全环节过程的有机枢纽互联技术；突破余热资源分类和评估技术	突破有机朗肯循环和氨水卡琳娜循环发电技术
规划仿真与先进电网技术	建立新型电力系统供需平衡基础理论；构建机电、电磁多时间尺度的大电网暂态仿真分析系统；突破广域分散协同优化控制理论	进一步提升新型电力系统仿真分析、运行控制能力；突破解决更高比例新能源带来的全新稳定问题

新型清洁能源发电技术

风电、太阳能发电、水力发电作为主要的可再生能源，现有技术体系相对成熟完备，未来将平稳快速增长，是能源清洁低碳转型的主力军。

技术发展路径

近中期

风电方面，突破深远海域海上风电勘察设计及安装技术，超长叶片、大型结构件等关键部件设计制造技术；太阳能发电方面，突破新型光伏系统及关键部件技术、高效钙钛矿电池制备技术，突破先进光热发电系统集成和调控、关键材料和装备技术；水电方面，突破水电工程健康诊断、升级改造和灾害防控技术。

中远期

突破新能源高效发电、新能源并网主动支撑、分布式新能源并网智能控制等关键技术，实现新能源从"被动适应"到"主动支撑"转变，大幅提升大规模新能源基地稳定运行和送出能力。

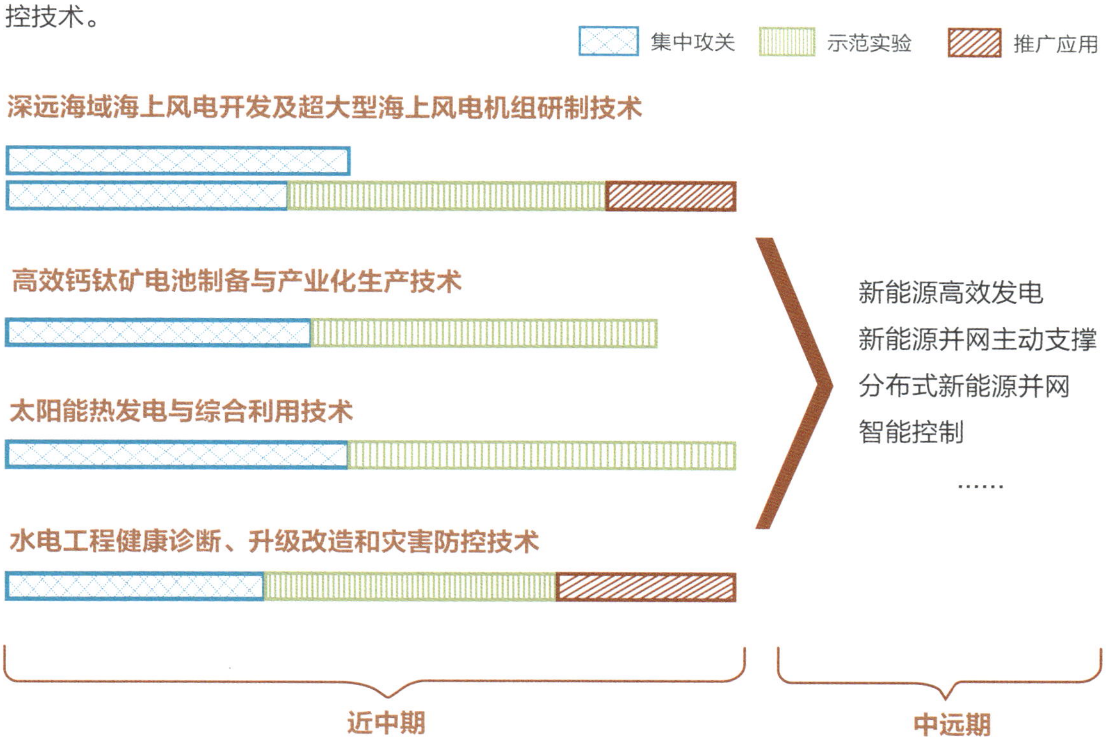

集中攻关　　示范实验　　推广应用

深远海域海上风电开发及超大型海上风电机组研制技术

高效钙钛矿电池制备与产业化生产技术

太阳能热发电与综合利用技术

水电工程健康诊断、升级改造和灾害防控技术

新能源高效发电
新能源并网主动支撑
分布式新能源并网
智能控制
......

近中期　　　　　　　　　　　　　　中远期

图 3-4　技术发展路径

新型储能技术

新型储能可实现能量的大规模转移，有效解决新能源出力不确定性带来的电力电量平衡痛点难点问题，是未来提升电力系统灵活性、解决新能源消纳的重要手段。

技术发展路径

电化学储能将成为碳达峰进程中发展速度最快、应用前景最广的新型储能技术，预计2025－2030年达到规模化应用水平。压缩空气、飞轮等新型储能技术到2030年技术经济性水平都将显著提升，凭借其功率或能量成本在特定应用场景中的比较性优势，基本实现规模化应用。面向远期，大容量、长寿命、跨季节储能技术将实现突破，形成源网荷储柔性协同。

2025 年	2030 年	2060 年
技术成熟度初步具备支撑规模化应用需求	电化学储能突破高比能量电池技术；相变储热突破高稳定性、高能量密度与低成本技术；实现以抽水蓄能和电化学储能为主，多类型储能协同	压缩空气、储热等大容量、长寿命、跨季节储能实现商业化；实现电－冷／热的多类型能源网络柔性互联；实现海量分布式储能的聚合

图 3-5　储能技术分阶段发展路线

新型储能技术突破情况影响"新能源＋储能"与"煤电＋CCUS"碳中和路径竞合关系

"双碳"下，"新能源＋储能"与"煤电＋CCUS"是两条存在竞争的可行技术路线。未来长时储能技术突破的时间节点、部署规模更是会对能源电力"双碳"路径产生深刻影响。相对于基准情景，假设跨季节储能技术在2030年实现突破，并开始商业化部署，中远期新能源装机规模明显提升，2060年新能源装机规模提升3.8亿千瓦；煤电退出节奏加快，2060年"煤电＋CCUS"装机规模降低3800万千瓦，碳捕集量降低9600万吨。

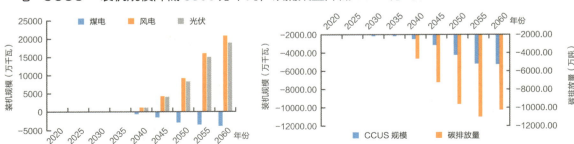

图 3-6　长时储能技术突破下电源装机规模及 CCUS 碳捕集规模变化

碳捕集、利用与封存（CCUS）技术

CCUS 是目前实现大规模化石能源零排放利用的唯一技术选择，是碳中和目标下为电力系统保留大规模传统惯量电源的主要技术手段，是我国实现碳中和目标技术组合的重要部分。

技术发展路径

◆ 到 2025 年：建成多个基于现有技术的工业示范项目并具备工程化能力

第一代捕集技术的成本及能耗比目前降低 15% 以上；突破陆地管道安全运行保障技术，建成百万吨级输送能力的陆上输送管道；部分利用技术的利用效率显著提升并实现规模化运行。

◆ 到 2030 年：现有技术开始进入商业应用阶段并具备产业化能力

第一代捕集技术的成本及能耗比目前降低 15% ~ 20%；第二代捕集技术的成本与第一代技术接近；突破大型 CO_2 增压（装备）技术；现有利用技术具备产业化能力，并实现商业化运行。

◆ 到 2035 年：部分新型技术实现大规模运行

第一代捕集技术的成本及能耗比目前降低 20% ~ 30%；第二代捕集技术的成本比第一代捕集技术降低 5% ~ 10%，并逐步取代第一代捕集技术；新型利用技术具备产业化能力，并实现商业化运行；地质封存安全性保障技术获得突破，大规模示范项目建成，具备产业化能力。

◆ 到 2040 年：CCUS 系统集成与风险管控技术得到突破

初步建成 CCUS 集群，CCUS 综合成本大幅降低；第二代捕集技术成本比当前捕集成本降低 40% ~ 50%，并在各行业实现广泛商业应用。

◆ 到 2050 年：CCUS 技术实现广泛部署

建成多个 CCUS 产业集群。

* 来源：科技部项目《“双碳”目标下能源系统科技创新研究》。

CCUS 技术成熟度及推广时间影响着煤电转型路径

我国大量优质煤电机组正值"青壮年"期，其发展与退出路径是战略性问题。若 CCUS 不能实现技术突破和规模化商业应用，未来系统将基本难以保留煤电、气电等可提供惯量的传统电源，安全运行面临重大考验。从经济性角度看，量化测算表明，若 CCUS 技术难以突破，较基准情景转型成本将增加约 7%。

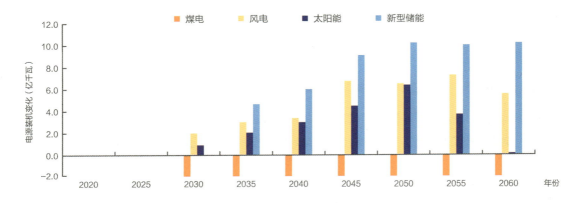

图 3-7 无 CCUS 情景下电源装机变化

CCUS 技术进一步与生物质能发电融合（BECCS），将成为电力行业唯一负排放技术，有助于电力行业在不用借助自然碳汇的前提下，提升电力系统碳减排自主贡献度，实现行业内部碳中和目标。

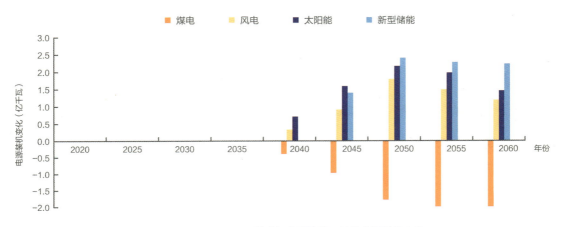

图 3-8 BECCS 技术低发展情景下其他电源装机变化

先进核电技术

核电是优质的非化石能源，能量密度高，出力可控性强。安全有序发展核电是我国实现"双碳"目标、优化能源结构、保障能源供给安全的必然选择。

技术发展路径

核电重大技术方向主要集中在关键"卡脖子"设备及燃料技术、核能综合利用技术、小型堆和核聚变技术。

表 3-2　核电关键技术近中期发展目标

关键技术	近中期发展目标
核岛先进主泵	重点突破 CAP1000 屏蔽主泵国产化和批量化生产核心关键技术
核电站数字化仪控系统及关键芯片	在现有仪控原理样机的基础上，进一步开展工程样机的设计、制造和集成测试
多用途、高效能小型先进反应堆	实现小型轻水反应堆全部关键设备国产化和大面积推广应用
大型核电基地核能综合利用关键技术	突破核能供热、海水淡化、制氢以及其他应用场景的总体方案设计
乏燃料循环后处理、中低放废物处置技术	突破乏燃料离堆储运技术、PUPEX 系统标准化设计和处理装备自主化研制
可控核聚变关键技术	建设聚变堆燃料循环系统研究设施，建立热室及相关遥操维护平台，进一步研究和发展能直接用于商用聚变堆的相关技术
事故容错（ATF）核燃料技术	开展 ATF 燃料的研发工作，同步改进和开发以现有 UO_2-Zr 燃料系统为基础的燃料，重点突破 ATF 燃料关键技术

注　来自中国电机工程学会《"十四五"电力科技重大技术方向研究报告》。

内陆核电开发及核能综合利用影响着"双碳"路径走向

考虑先进核电技术突破、内陆核电政策出台的不确定性，若内陆 2 亿千瓦的核电厂址资源不能开发，将对新能源、储能、CCUS 等关键技术提出更高发展要求，并推高电力供应成本。除了供电以外，核能在制氢、区域供热、海水淡化等多种非电综合利用领域可发挥更多功能，起到减排降碳、确保能源安全的重要作用。

表 3-3 主要省份内陆核电站址规模

省份	内陆核电站址规模（万千瓦）	省份	内陆核电站址规模（万千瓦）
河北	1960	重庆	1680
湖南	3360	四川	2240
湖北	3360	河南	1120
江西	3360	吉林	560
安徽	1680	贵州	560

氢能技术

氢能技术可为电力系统提供灵活调节的手段，以绿氢为媒介的电 — 氢 — 碳综合利用可有效应对未来高比例新能源电力系统的跨月、跨季等长周期平衡难题，推动电能替代受限领域深度脱碳，助力实现碳减排与循环利用。

技术发展路径

近中期，以降成本、提高可靠性和安全性为出发点，全面布局和推动可再生能源制氢、氢能高效储运、氢能利用方面的关键技术和装备，实现氢能产业链关键装备全面国产化和应用，同时技术水平跻身国际领先。

远期，以实现氢能源供应更加安全经济、氢能源利用更加高效可靠、氢能源产业更加集聚发展为总体目标，制氢成本国际领先，形成以氢储能、氢发电、氢交通等为主的多元化氢能源综合利用体系，突破电 — 氢 — 碳耦合过程建模与仿真技术、电 — 氢 — 碳融合下长周期平衡技术，拓展可再生能源制氢在工业领域替代的应用空间，扩大氢能替代化石能源应用规模。

制氢产业

- 加快可再生能源制氢和绿氢消纳的应用示范。

- 持续提高碱性电解水技术水平，降低可再生能源电解制氢的成本。

- 持续攻关 PEM 和 SOEC 电解水技术。

- 加快煤制氢耦合 CCUS 的示范论证及技术研发。

供氢产业

- 加快高压气氢储运技术和装备研发应用。

- 加速大规模氢气液化与液氢储运关键技术研发。

- 布局管道规模化输氢及综合利用关键技术。

- 建立大容量、低能耗、快速加氢站技术与装备体系。

用氢产业

- 交通领域以重卡、公交等商用车为突破口，建立柴改氢工业示范。

- 发电领域，推动固定式燃料电池电站示范和应用。

- 提升氢储能系统在大容量、长周期储能系统中的竞争力，助力解决电力系统长周期平衡和调节问题。

图 3-9　氢能产业关键技术发展目标

氢能技术发展预期影响终端脱碳进程和新能源开发利用规模

若未来氢能技术经济性发展不及预期，终端部门的深度脱碳压力将传导至电力行业，将对电能替代更加依赖，全社会终端电气化水平进一步提升；另外，电制氢规模减少将降低新能源跨系统消纳利用能力，新能源跨周期消纳也将面临挑战，从而对电力"双碳"路径产生深刻影响。

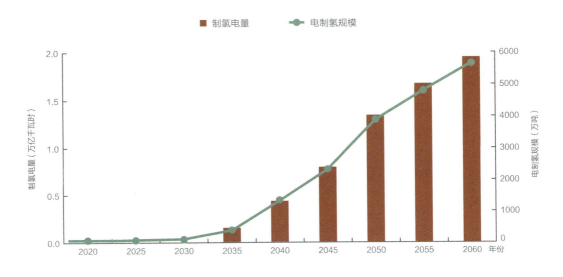

图 3-10　未来电制氢发展规模预测

多能转换与综合利用技术

"双碳"目标要求能源消费侧全面提升能效，推动风光水火储多能融合互补、冷 — 热 — 电 — 气多元聚合互动。利用人工智能等数字化技术加强用能分析与能效管理，深入挖掘需求侧响应潜力，推进高耗能行业用能转型。

利用先进的物理信息技术和创新管理模式，整合区域内多种能源形式，打通多种能源系统间的技术、体制和市场壁垒，实现多种异质能源子系统的协调规划、运行和管理。重点攻关冷 — 热 — 电 — 气等耦合关键技术，构建以数字孪生技术为核心的综合能源数字仿真系统，突破以人工智能技术为核心综合能源系统智慧运维系统、以区块链技术为核心的能效监测与碳核查等技术。

需求响应将在调峰调频、促进新能源消纳、用户能效提升等方面发挥重要作用。重点突破多元场景下用户负荷综合感知与特性分析、潜力评估、聚合及柔性互动、仿真、设备平台等技术。

低压台区是低碳消费的最小区域单元，是分布式能源、氢能、储能等能源形态广泛应用的重点区域，"双碳"对以低压台区为单元的能源供给、消费模式及能效计量、测量控制方式将产生极大影响。重点突破适应分布式能源多回路一体化测量、交直流混合测量、能源系统及设备能效评估分析等关键技术。

电力数字化技术

电力数字化是支撑"双碳"目标实现的重要技术，其技术体系可分为四个层面。感知层面，为海量感知数据的采集接入提供底层支撑；网络层面，为未来新型电力系统大量交互数字信息提供可靠安全的通信保障；平台层面，为海量数据的处理、存储、分析及交互提供高速平台服务与可靠技术支撑；应用层面，为能源物理系统提供多重功能支撑，助力新型电力系统数字化、智能化全面升级。

图 3-11　电力数字化技术体系

图 3-12　电力数字化技术体系发展路径

注：来自中国工程院重大战略咨询专项《电力行业碳达峰碳中和实施路径研究》。

余热回收利用技术

我国余热潜力巨大、种类丰富。以工业领域为例，其能源消费量占全国的 70%，可利用余热资源潜力达到其能源消费量的 10% ~ 40%。余热评估技术方面，突破余热资源精准分类和量化评估方法。余热热泵技术，重点突破与工业全环节过程的有机枢纽互联技术，以满足各工业余热资源可循环回收的需求。余热发电技术，重点突破有机朗肯循环和氨水卡琳娜循环发电技术，研发兆瓦级以上有机循环发电系统。

统筹优化低碳关键技术研发布局，打造新型电力系统产业集群，增加未来能源电力"双碳"路径的可行性、灵活性和韧性，降低路径依赖沉没成本。

考虑大容量储能、CCUS、氢能等技术经济性发展趋势、技术创新突破难易程度以及其成本代价、减排效益等方面的差异性，需要统筹优化不同类型科技创新技术的布局时序、研发投入等，防范由于技术发展不及预期导致"双碳"目标未完成的风险，增加电力减碳路径技术选择灵活性，以最大程度降低路径规划依赖沉没成本。

为保障能源安全转型，除了要突破解决科技"卡脖子"和断链问题，还要在未来培育形成集群式发展、可替代的多产业链供应链并存、有韧性裕度的新型电力系统产业，带动形成具有细分产业专精特新企业数量多、跨领域复合型企业多等特点的新型电力系统企业形态。

规划仿真与先进电网技术

新型电力系统供需平衡理论

- 考虑供需双侧的高度不确定性及各类新型供用能技术的特点，升级新型电力系统供需平衡基础理论。

电力系统仿真分析及安全高效运行技术

- **近期**，研究"双高"❶电网的精细化建模与仿真技术，构建机电、电磁多时间尺度的大电网暂态仿真分析系统；建立"双高"电力系统过渡过程及稳定性认知、分析的新理论，突破广域分散协同优化控制理论。

- **远期**，进一步提升新型电力系统仿真分析、运行控制能力，突破解决更高比例新能源甚至全电力电子系统带来全新稳定问题。

先进电能传输技术

- **近期**，突破新型直流输电装备技术、新型柔性输配电装备技术、大容量远海风电友好送出技术。

- **远期**，突破全新能源直流组网技术，实现新能源发电无源并网，充分发挥大规模新能源多点汇集和送出方面明显优势，推动更高比例新能源接入。

图 3-13 规划仿真与先进电网技术发展路径

---

❶ "双高"是指高比例可再生能源、高比例电力电子设备。

12

能源系统科技创新与能源电力"双碳"路径一体化布局

能源电力"双碳"转型与能源系统科技创新内在一体,能源系统科技创新战略与规划布局是实现"双碳"目标的重要支撑。基于一定技术进步预期的能源电力"双碳"路径规划也将对能源科技路线选择、突破方向、技术经济性水平提出具体要求,并决定能源系统科技创新方向。

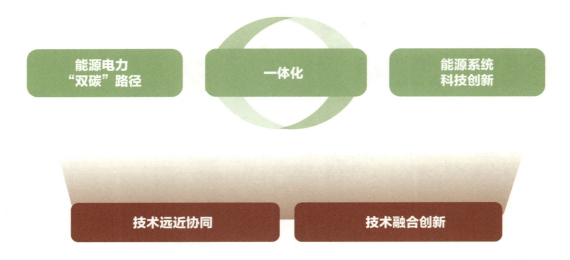

图 3-14   能源电力"双碳"路径与能源系统科技创新一体化布局的基本逻辑

以系统思维统筹谋划能源电力"双碳"路径与能源系统科技创新一体化布局

"双碳"路径和节奏与科技创新的方向和时点相互依赖、相互影响

一方面，能源科技创新的战略布局、攻关方向、路线图、时间表决定着能否预期实现碳中和战略目标，影响着"双碳"推进的路径设计、节奏权衡、不同的成本与技术风险等。

另一方面，"双碳"路径的规划是基于一定技术进步预期，对各类能源品种的技术路线、创新重点、突破时点、技术成熟度、技术经济性有具体要求。

"双碳"推动能源生产与消费全环节深刻变化，对技术创新的协同性要求提高

"双碳"目标实现需要能源供应消费全环节协同推进，不同环节技术发展既相互依赖，又需要以一定的节奏相互匹配，如高效清洁能源发电技术与新型储能、先进输电技术等需要协同推进才能满足新能源高效消纳要求，氢能开发利用技术要与氢能在工业、交通、电力等领域的应用技术相匹配，终端电气化技术的推广应用要与供给侧电力供应清洁化技术发展节奏相匹配，才能实现协同降碳。

➡ 这需要面向能源生产与消费尤其是电力发输配用全流程，整体推进各环节技术创新布局和节奏，为支撑能源转型提供系统性解决方案。

综上，"双碳"目标下能源转型与能源系统科技创新
是内在一体的，必须以系统观念开展转型路径与科技布局
间战略与规划的协同

■ **远近协同驱动：统筹现有可用技术二次升级和未来颠覆性技术创新突破，推动能源技术实现整体性换代跃迁**

能源转型不会"一蹴而就"，更不是"另起炉灶"，要统筹好常规技术与颠覆性技术创新突破，支撑能源系统稳步转型的同时实现能源技术革命性的科技换代创新。

■ **融合创新驱动：统筹集成创新和单点式分散创新，建设面向未来的国家科技创新体系**

以"单点式"突破带动整体性突破，以整体性突破促进"单点式"创新协同互补，实现科技创新整体价值大幅提升，促成良性循环。

常规技术

常规技术：相对成熟，进一步挖掘技术潜力的难度较低，但难以支撑远期新型电力系统全新形态。

集成创新

集成创新：新型电力系统构建迫切要求深入推进跨专业、跨领域深度协同、融合创新。

颠覆性技术

颠覆性技术：适应远期高比例新能源电力系统，但技术攻关难度大，突破和应用时点不确定。

单点式创新

单点式创新：仍需要持续攻关能源领域关键零部件、核心材料等相对独立的高精尖技术创新。

能源科技创新和"双碳"路径的四类一体化典型布局

综合考虑技术进步自然发展趋势与面向2060年碳中和对技术进步的倒逼要求，按照能源"双碳"转型路径与科技创新一体化布局的整体思路，统筹提出四类一体化转型路径，对应不同技术项目布局方向和适度的突破目标。

能源科技创新需求	主要路径特征
均衡型一体化布局路径	"十五五"期间电化学储能技术经济性接近抽水蓄能水平；2040年以后长时储能技术取得突破并开始商业化应用；2035年以后第二代CCUS技术开始进入商业化应用阶段，2040年前后在火电领域大规模推广应用。	2030年以后电力碳排放进入峰值平台期，峰值约46亿吨；2030、2060年非化石能源消费占比为25%、82%，非化石能源发电量占比分别为46%、91%。
清洁强化型一体化布局路径	"十五五"期间电化学储能大规模商业化推广；2030年以后长时储能技术突破并开始商业化应用；CCUS技术加快突破，2030年以后第二代CCUS技术开始商业化应用，2035年前后开始在火电领域大规模推广应用。	较均衡型一体化布局路径，2028年前后电力碳达峰，峰值降低3亿~4亿吨，2030、2060年非化石能源消费占比增加5%、2%，发电量占比增加7%、2%。

能源科技创新需求	主要路径特征

安全强化型一体化布局路径

强化煤炭清洁利用技术；深入推进煤电节能降碳改造、灵活性改造、供热改造；中远期推广应急备用煤电运行技术；CCUS技术在火电领域应用规模需求提升，需加强二氧化碳物理封存、生物化学利用技术攻关，进一步提升碳汇能力；加强终端部门尤其是交通领域油气清洁替代技术攻关。

较均衡型一体化布局路径，2030－2032年电力碳排放达峰，峰值提高2亿~3亿吨；远期煤电大量留存，二氧化碳年捕集量提高3亿~5亿吨。

经济强化型一体化布局路径

通过加速推广节能提效技术、安全有序推进终端电能替代技术，降低能源消费、减少能源投资、提升转型经济性，比如，"十五五"期间深入推广热泵技术在工农业、建筑领域应用，积极开展钢铁行业电弧炉替代高炉＋转炉，加快推广交通领域电动汽车应用，2030年以后工业低温余热发电技术实现商业化推广。

较均衡型一体化布局路径，一次能源消费需求峰值降低，但全社会用电量需求增加，较均衡型一体化布局路径，2030年增加0.25万亿~0.5万亿千瓦时；2030年以后电力碳排放达峰，峰值提高1亿~2亿吨。

"双碳"下能源科技创新协同路径

"双碳"目标的实现需要创新提供持续演进发展的动力，鉴于能源低碳转型复杂度高、系统性强的特点，需要突出持续开放式创新的理念，尤其是注重协同创新、集成创新，实现多主体的协作和技术创新在更高层面的集成。

01 健全完善能源科技协同创新顶层设计

分层分类，发挥好政府在关键核心技术攻关中的组织作用，系统部署行业交叉融合技术攻关、标准制定和产业化推广应用，为能源技术协同发展奠定好规划基础。

02 建立健全重大集成创新项目的全流程"软技术"支撑体系

建立高效决策体系、产学研用创新联合体、全生命周期全环节协同工作机制，以应对项目决策复杂程度高、跨部门资源整合难和项目全流程管控难等难题。

03 搭建新型电力系统为代表的一体化高水平的自主创新发展平台

突出企业科技创新主体地位，由龙头企业牵头，联合政府、高校、科研院所、国家级实验室等，形成新型电力系统原创技术"策源地"。

04 以重点城市和城市群为核心打造世界级电力产业集群

以集群的方式在重点城市（群）凝聚"产学研用"各方力量，围绕技术总装布局产业配套资源，打造电力产业集群。

05 推动构建专业全谱系覆盖且常态化高效运转的科技创新协同工作专家支持网络

以重大事件驱动，建立宏观战略层面科学决策、重大科技项目评审机制，发挥专家"智囊团"把关作用。

肆

现代能源经济培育之路：
服务与融入新发展格局

大力培育新产业、新动能、新增长极

现代化产业体系是社会主义现代化强国建设的关键，实施碳达峰碳中和的核心目标之一是培育现代能源经济，塑造发展新动能新优势。为此，能源电力行业要走出一条服务与融入新发展格局的中国特色产业崛起之路。其中，"双碳"目标下电力产业在服务经济社会发展全局中功能拓展、位置提升。要依托我国发展现代能源经济的独特优势，实现电力产业转型升级，为构建新发展格局打造经济增长新引擎。

13

我国发展现代能源经济的优势

我国具备完备的电力全产业链布局、世界领先的电力工业技术、规模最大的新能源产业、广阔的国内外市场和丰富的创新技术应用场景等特点，拥有发展现代能源经济的优势和基础。

表 4-1　我国电力领域具备国际竞争优势的主要行业发展情况

类型	发展情况
风电	■ 发电装机容量世界第一 ■ 陆地风电装机容量世界第一
光伏	■ 光伏制造业世界第一 ■ 光伏发电装机容量世界第一 ■ 光伏发电量世界第一
特高压	■ 具备完整的技术标准体系 ■ 自主研制成功全套特高压设备 ■ 世界上唯一掌握和推广特高压输电技术的国家
电动汽车	■ 中国制造电动汽车占全球电动汽车总市场的四成以上
储能	■ 龙头企业数量领先 ■ 产能全球第一 ■ 出口规模持续扩大

**完备的
电力全产业链布局**

目前我国拥有 41 个工业大类、207 个工业中类、666 个工业小类，是全世界唯一拥有联合国产业分类中所列全部工业门类的国家。具体到电力产业，当前我国电力产业链覆盖以电能生产消费为核心的发输配用链条和以关键技术装备为核心的研发制造链条，包括上游发电行业、中游输配电行业和下游用电行业，并涵盖勘探设计、设备制造、信息通信等相关支撑产业。放眼全球，我国是为数不多的电力整体产业链条和各环节细分链条较为完备的国家。

**世界领先的
电力工业技术**

我国在风电、太阳能发电、特高压、电动汽车、储能等行业技术领先、自主化程度高，尤其是在特高压输电领域具备完整的技术标准体系，是世界上唯一掌握特高压输电全套关键技术的国家。

**规模最大的
新能源产业**

我国在新能源领域已形成了完备高效的光伏、风电产业链，产业规模全球领先。光伏制造产业在全球具有主导地位，光伏产业链中多晶硅、硅片、电池片和组件等主要环节平均市场占有率超过 70%。2022 年我国新增风电装机容量约占全球的 47%。龙头企业数量领先，全球前十风电整机制造企业超半数是我国企业。

**广阔的国内外市
场和丰富的创新
技术应用场景**

从国内看，我国有超 14 亿人口以及超 4 亿中等收入人群，人均国内生产总值突破 1 万美元，是最具潜力和优势的大市场。从国外看，根据联合国与国际金融公司测算，全球绿色投资的缺口达到 28 万亿美元，其中 57% 位于亚太地区，"一带一路"沿线国家均对建设高质量、高韧性、成本合理且能够提供绿色电能的电力基础设施存在大量需求。广阔的国内外市场不仅有利于我国电力产业链上下游和区域分工细化，提升能源发展效率，实现新技术、新产品、新业态、新模式的快速迭代升级，更有利于发挥"买家优势"，在全球能源市场中拓展腾挪空间。

14

能源电力产业的
五大功能定位

面向"双碳"和新发展格局，电力产业在服务经济社会发展全局中功能拓展、位置提升。能源加速绿色低碳转型下，保障能源安全的重心和责任主体正在持续转向电力系统。电力领域的科技创新带动作用将不断增强，投资规模将不断扩大，并依托新模式新业态成为我国内需增长的重要助力。电力与各类要素的深度耦合将使电力成为推动我国治理能力现代化的重要发力领域。国际层面，电力也将成为未来较长一段时间提高我国全球能源治理能力的重要抓手。

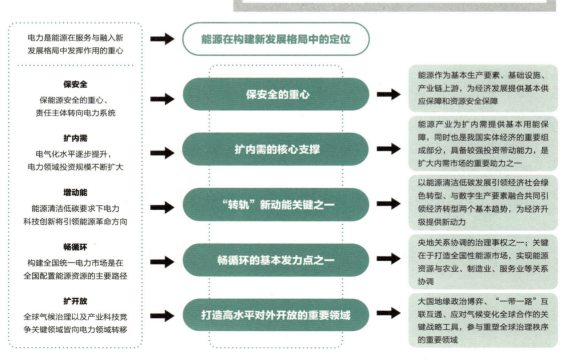

图 4-1　能源电力产业的五大功能定位

经济和能源关系变化的重心向电力领域转移，需要以电力高质量发展支撑经济高质量发展

■ 保安全：保能源安全的重心、责任主体转向电力系统

能源安全为经济发展提供基本保障。在能源加速绿色低碳转型下，保能源安全的重心转向电力系统，以油气为底色的能源安全问题将演化为电力系统安全问题。

■ 扩内需：电气化水平逐步提升，电力领域投资规模不断扩大，成为巨大内需市场

电力作为关键基础设施为扩内需提供用能保障。同时，电力行业自身投资也是重要内需市场。"双碳"目标下新型电力系统的新增投资规模将超过 100 万亿元，年均投资接近当前社会固定资产投资规模的 4%。

■ 增动能：电力领域投资和创新带动作用强

电力行业有望成为经济增长最重要新动能之一。能源科技革命是工业革命的先导，是提高全要素生产率、带动产业升级的重要途径，新发展格局下能源科技革命引领工业革命将再次步入爆发期。

■ 畅循环：电力要素畅通是经济循环畅通的重要助力

构建全国统一电力市场，是畅通能源资源要素优化配置的重要手段，是打造全国性能源市场的关键。电力与各类要素的深度耦合也使得电力成为推动我国治理能力现代化的重要发力领域。

■ 扩开放：全球气候治理以及产业科技竞争关键领域皆向电力领域转移

电力行业是我国参与重塑全球能源治理格局的重要领域。全球能源转型下大国之间碳博弈升级，以电力领域科技创新为切入点应对气候变化成为各国关注焦点。

电气化将在未来新型工业化、信息化、城镇化、农业现代化中发挥显著作用

15

打造电力产业经济增长新引擎

立足现代化产业体系的建设要求，我国电力产业将依托自主技术创新和业态创新实现结构调整、产品升级、服务优化、价值提升，成为经济增长新引擎。

个性化、差异化用能需求形成支撑电力产业市场空间拓展的"蓝海"

用电

发配输电

传统发输配电基础设施构成电力产业价值增长"红海"

市场空间

需求类型

图 4-2　个性化、差异化用能需求带来的新型电力系统产业链"长尾效应"

从当前以化石能源为底色演变为以技术创新为基础的新型电力系统产业链

电力与经济社会环境的耦合关系将更加紧密。呈现产业规模扩大、技术创新驱动增强、与新型基础设施建设融合、引领经济社会绿色发展四大趋势。我国电力产业链将从当前以化石能源为底色演变为以技术创新为基础的新型电力系统产业链，对比传统电力产业链发展形态，新型电力系统产业链的整体发展趋势呈现四大特征：

产业链上下游大幅延伸

新能源的大规模发展，使得电力产业链上游由煤油气等一次能源资源向锂、钴、镍等关键矿产资源延伸。研发制造环节延伸至高精尖装备研发，催生一批技术密集型衍生产业。用户侧环节延伸至综合能源系统、智慧园区、微网等领域。

电力全产业链呈融合发展态势

电能生产者与消费者融合，大电网与分布式微电网融合，终端电冷热气跨领域融合，电网、充电桩等能源基础设施与工业、交通、建筑等行业基础设施跨界融合。

01 03
02 04

新业态新模式极大丰富

催生与储能、氢能、CCUS、电力保供应急、电动汽车、综合能源、智慧能源、碳循环经济相关的大量新业态、新模式。

电力要素与金融、数字、碳等要素高度贯通

衍生出绿色金融、能源数字产业、低碳产业等新兴产业，产业价值向多元化、高附加值方向发展。

图 4-3　新型电力系统产业链发展趋势四大特征

技术密度持续提高将为我国电力产业带来巨大价值增量空间

■ **构建新型电力系统对技术创新需求全面升级。** 技术创新驱动将是新型电力系统核心特征。技术创新将向源、网、荷、储全链条延伸，由单一的能源电力技术向跨行业、跨领域技术协同转变。

■ **高新技术产业化空间大。** 保障系统安全的"双高"电力系统规划运行控制技术、提高发电效率和经济性的新型清洁能源发电技术等都有较大的发展空间。远期看，CCUS、氢能以及其他难以预见的颠覆性技术突破将带来巨大价值增量空间。

未来电力产业链将依托我国电力工业全产业链优势，拓展价值创造新模式，成为经济增长的新引擎

■ **我国具备抢占电力产业新价值空间的先发优势。** 电力工业产业链条完备，有助于实现源、网、荷、储各环节的协同创新。

■ **我国低碳转型相关基础设施发展水平较高。** 我国拥有世界上输电能力最强、新能源并网规模最大的电网，低碳转型相关基础设施发展水平领先。建成全球最大的"新能源云"平台，接入风、光等新能源场站超过300万座。建成全球规模最大的智慧车联网平台，为超过1300万用户绿色出行提供服务。

■ **新的价值创造模式和蓝海空间意味着电力产业链将有超大规模的投资需求。** "十四五"期间电力产业年投资需求预计将较"十二五""十三五"增长2～3倍。

■ **电力产业对经济拉动能力增强。** 预计新能源每投资100亿元，可提高社会总产出约300亿～400亿元，贡献GDP约80亿元，增加政府财政收入约10亿元。

■ **电力投资和相关技术创新对各部门产出带动作用逐渐增强。** 测算发现相较于2020年，2025－2035年间电力投资带动通信设备、计算机和其他电子设备、科学研究和技术服务等部门产出有较高增长，且长期带动作用强于短期。

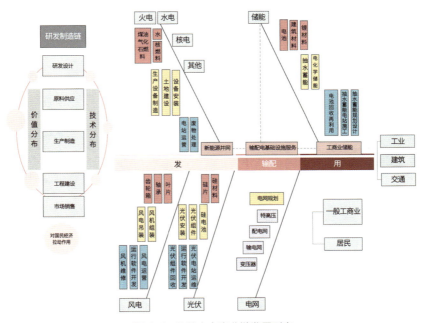

图 4-4 传统电力产业链发展形态

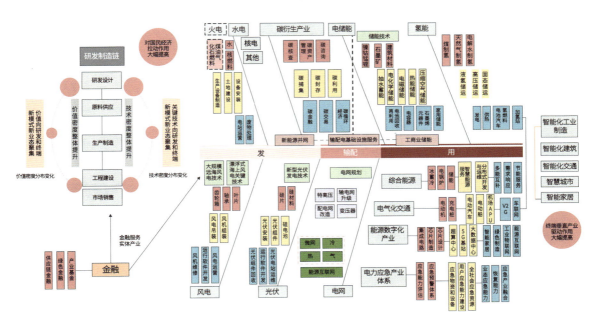

图 4-5 未来新型电力系统产业链发展形态

16

现代化电力产业
培育策略

现代化电力产业培育，要在加强顶层设计、科学规划路径的基础上，以掌握关键核心技术为主线加快推进产业链高端化，着力提升产业链供应链韧性和安全水平，打造高质量供给和数字化基础设施，畅通电力与各类资源要素的互联互通，推动高新技术产业化应用和商业模式创新。

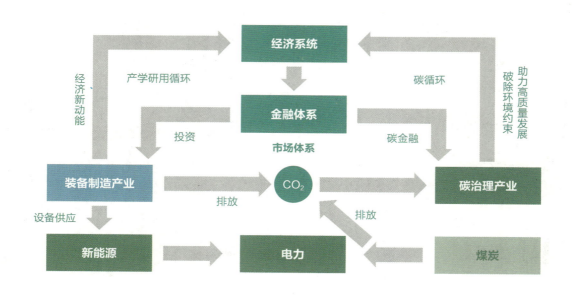

图 4-6　现代化电力产业循环体系

现代化电力产业崛起和转型升级是培育现代能源经济的重要组成部分

习近平总书记指出，实体经济是一国经济的立身之本、财富之源。要建设创新引领、协同发展的产业体系，实现实体经济、科技创新、现代金融、人力资源协同发展，使科技创新在实体经济发展中的贡献份额不断提高，现代金融服务实体经济的能力不断增强，人力资源支撑实体经济发展的作用不断优化。**能源经济是典型的实体经济，发展能源经济的核心内容就是培育现代化电力产业。**

培育策略一：加强顶层设计，在不同发展阶段制定有针对性的发展战略，实现有为政府和有效市场更好结合

要在电力产业不同发展阶段制定有针对性的发展战略：

在新型电力系统产业导入时期 | 在新型电力系统产业发展成熟期

制定适当的扶持政策与合理监管政策，促进产业链的健康发展，加强引导原始创新，通过技术进步寻求成本下降空间，降低电力低碳转型成本。

实施完善的监管措施，由市场主导产业发展方向和模式，减少行政手段直接干预，实现产业属性与基础设施属性的动态平衡发展。

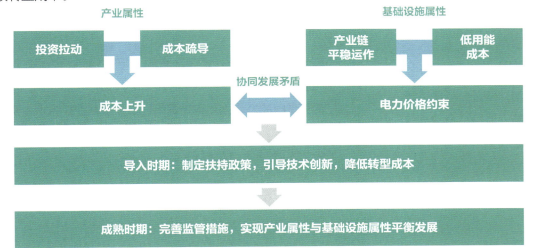

图 4-7　电力产业不同发展阶段策略

培育策略二：加快推进产业链高端化，以科技创新为牵引孕育新业态新模式

要加快锻长板、补短板，持续提升产业竞争力

巩固非化石能源领域技术装备优势，超前布局碳捕集利用与封存、新一代先进核能等绿色低碳领域前沿性、颠覆性技术。面向关键原材料、核心基础零部件与元器件、高端芯片、专用软件等重要领域，加强原创性、引领性科技攻关，提高产业链供应链自主可控能力。

要加快能源产业数字化智能化升级，推动能源新业态新模式应用

推动煤炭、油气、电厂、电网等行业设备设施、工艺流程智能化改造升级，加强智慧能源平台和数据中心建设，发展多能互补、源网荷储一体化、综合能源服务、智能微网、虚拟电厂等能源新模式新业态。

要发挥企业创新主体作用，打造产学研协同创新、深度融合的产业生态体系

充分发挥中央企业等国有企业现代产业链链长作用，加强原创技术供给，不断提高基础固链、技术补链、融合强链、优化塑链能力。强化链式思维，以关键共性技术平台实现产业技术、人才资源集聚，推动产业链上中下游、大中小企业深度交流、优势互补。

培育策略三：提升产业链供应链韧性和安全水平，建立覆盖战略性资源安全供给、产供储销体系可靠运行、安全风险管控和应急保障能力有效协同的电力产业链供应链体系

要强化战略安全保障
以优势产业链提升供应链韧性和安全水平，以现代技术广泛应用为基础，以规模优势、配套优势、先发优势为依托，强化战略安全保障。

要提升运行安全水平
制定严格的安全标准和法律法规，加强对产业链上下游企业监管，保障产业链循环畅通。强化风险防范，确保产业链大中小微各类企业有序运转，加大对中小微企业支持，加强能源产业链产供销体系建设。

要加强应急安全管控
完善能源产业链风险评估、监测、预警建设，压紧压实产业链供应链安全责任主体，做到风险早发现、早报告、早研判、早处置。建立健全产业链重大风险应急机制和危机管理体系，以及时响应突发事件。

培育策略四：坚持高质量供给和数字化基础设施为牵引

■ **要把握用能需求增长态势，持续提供高质量用能服务**

特高压、微电网和传统输配电网等基础设施投资仍有巨大增长空间。电力需求持续增长，为满足保供应和资源配置需求，特高压和传统输配电网基础设施改造升级仍将是电力行业投资的重要组成部分。大电网与微电网融合发展带来新的电网发展形态和价值创造逻辑。

电网向能源互联网转型升级，带来效率提升和跨领域的新模式、新业态。电网由单纯满足电力输送、资源配置需求扩展至综合用能服务和跨系统协同优化。能源生产利用关系由单向线性转向网状拓展，形成园区、乡镇、城市等新型智慧能源综合利用系统。

基于上述特征，要加快推动智慧能源、智能电网建设应用，促进能源生产、运输、消费等各环节智能化、数字化升级，提高全要素生产率。

■ **坚持市场下沉和服务细分，加快数字化转型，把握新型用能业态和市场**

用能侧新需求带来"长尾效应"。未来电能高质量供给和数字化基础设施牵引下，用能侧个性化、多样化用能需求将形成广阔增长空间和新模式、新业态。

电力大数据延伸至用能侧，数字化激发新活力和创造新价值。电力大数据将从当前发输配侧为主向消费领域进一步延伸，透视电能消费与经济社会活动的深刻逻辑关系将带来巨大的潜在价值挖掘空间。

供给和用能模式的个性化、多样化将催生海量细分产业链条。供给侧和需求侧的海量新需求、新场景、新模式、新业态将带来研发制造链条的进一步细分，在细分产业发展过程中挖掘和创造出大量价值空间。

基于上述特征，要加快推动数字化产业，提升关键软硬件技术创新和供给能力，深入挖掘数字技术的经济潜力，培育开放协作的能源数字产业创新生态。

培育策略五：畅通电力与各类资源要素的互联互通，赋能电力产业创新业态

■ 电力与能源系统

以电为中心融合新型基础设施建设，形成跨领域智慧能源系统循环体系。电热冷气等跨系统的综合能源循环要素紧密耦合，源网荷储深度融合，实现互补互济、循环畅通。通过冷热回收、蓄能、热平衡、智能控制等方式，实现能源的循环利用，形成以电力为中心的智慧能源系统大循环。

■ 电力与碳要素

推动形成"电－碳"市场循环体系新格局，成为全国统一大市场组成部分。以电能和碳排放权相结合形成的"电－碳"产品为循环要素，通过"电－碳"产品交易实现用能权和碳排放权在上下游市场的循环流动。通过碳交易、碳核查、碳捕集利用与封存，实现电力产业链上碳要素的循环利用，畅通循环经济发展过程中的碳约束堵点，并带动碳金融进入良性循环。

■ 电力与技术产品要素

以技术、产品、服务等为循环要素畅通、联通国内外市场。以电力供应链、产业链、产学研一体化等为载体，发挥内需潜力，畅通国内市场内循环。充分发挥技术创新型产品的市场竞争优势，联通和利用国际市场，实现国内国际市场大循环，形成高附加值产品的市场畅通循环形态。

■ 电力与金融资本要素

以"电力产业 + 平台 + 金融"模式推动金融资源脱虚向实，金融和实体产业形成良性循环。依托绿色金融、产业链金融等模式，借助新型电力系统相关技术创新和政策引导等措施，吸引金融资本进入到有资金需求的关键产业。同时，以高新技术催生的新模式、新业态产生的利润资金流可反馈于金融资本，从而形成金融和实体产业发展的良性循环。

■ 电力与人力资源要素

以企业为主体形成电力产业链高水平技术人才培养与流动机制，实现人才的循环畅通。以高精尖人才和高水平职业技术人才为循环要素，采用企业产学研人才培养模式，依托项目实现高精尖人才在企业、高校、政府之间的高效循环流动，激发人才的创新活力。以企业为主体形成高端职业人才培训体系，实现产业技术人才的高效培养。

伍

增强安全降碳主动权之路：坚持系统观念

把能源的饭碗端在自己手里

实现人口规模巨大的现代化，要求走出一条高度自立自强的能源现代化发展道路，对能源安全提出更高的要求。贯彻总体国家安全观，要求我们坚持系统观念，增强发展的安全性主动权，将能源安全贯穿能源低碳转型的全过程。随着我国进入新发展阶段，能源发展约束增多增强、安全态势日趋严峻、系统结构形态发生深刻变化，潜在的系统性风险是最大的安全挑战。同时，"双碳"路径下，能源安全保障压力逐步向电力系统转移集聚，电力安全面临一系列新型风险，需主动做好全方位应对策略，树立新型电力安全观。

17

增强能源安全主动权

作为社会发展的"生命线"，确保能源安全战略意义重大。能源安全是国家安全体系的重要组成部分，是中国式现代化进程中能源领域的首要任务。能源电力碳达峰碳中和将面临一系列传统能源安全和新型安全问题，只有把握能源安全主动权才能把握住发展主动权。需坚持问题导向和系统观念，增强保障能源供应安全的主动权，以适应中国式现代化对能源高质量支撑的要求。

减排

"双碳"是必须要实现的目标，要持续推进能源低碳转型，加快规划建设新型能源体系和构建新型电力系统。

**统筹减排
与安全**

安全是减排的前提
减排是安全的目标

安全

能源安全已成为总体国家安全的重要组成部分，必须坚定不移贯彻总体国家安全观，把能源安全贯穿党和国家工作各方面全过程，确保国家安全和社会稳定。

图 5-1　统筹减排与安全的基本定位

人口规模巨大的现代化决定了我国必须走高度自立自强的能源转型发展道路，对能源安全提出了更高要求。 总体国家安全观中，已将"能源安全"上升至与"粮食安全"同等重要的战略高度，为保障人口规模巨大的现代化的能源安全供应，必须坚持底线思维，实现能源资源、科技、产业的自立自强，保障全方位的能源安全。

党的二十大报告明确提出，必须坚定不移贯彻总体国家安全观，以新安全格局保障新发展格局。加强重点领域安全能力建设，确保粮食、能源资源、重要产业链供应链安全。加强能源产供储销体系建设，确保能源安全。

"双碳"目标下能源低碳转型加速推进，能源安全面临全新挑战

从全球看

当前对能源安全风险的全方位认知水平和前瞻性研判能力亟待提升，尤其能源行业上游的战略性矿产资源、核心技术装备、关键零部件等已成为新一轮国际竞合的重点领域，供需环境在当前国际局势下存在极大的不确定性。

从国内看

"双碳"目标下，高质量发展和清洁低碳转型进程中的多目标统筹权衡难度极大，若推动力度和节奏不当，将带来较大潜在风险。以油气安全为主的传统能源安全风险犹存，同时新型电力系统源侧的强随机性和波动性、荷侧的弱可控性和互动性，已给能源电力系统带来显著的结构脆弱性新风险。面向未来，随着储能、氢能、CCUS 等一系列新技术的应用，能源供应保障及产业链供应链安全问题将更为突出。

需坚持问题导向和系统观念，牢牢把握能源安全的主动权。我国发展进入战略机遇和风险挑战并存、不确定难预料因素增多的时期，各种"黑天鹅""灰犀牛"事件随时可能发生，只有牢牢把握能源安全的主动权，才能增强发展的安全性稳定性，才能在各种可以预见和难以预见的狂风暴雨、惊涛骇浪中增强我国的生存力、竞争力、发展力和持续力。要坚持系统观念，树立全社会一盘棋思想，形成各环节齐抓共管、各主体通力合作、各区域协调配合的能源安全治理局面。

2021 年秋季

全球

全球多国出现能源供需紧张，煤、油、气、电价格全面大幅上涨。欧盟天然气供需持续紧张，引发电力供应出现缺口；印度 135 家燃煤电厂存煤平均只够 4 天；巴西 30 座水电站无法有效发电。

国内

受南方来水偏枯、煤炭价格高企、电煤供应不足、澳大利亚进口煤清零等因素影响，部分地区能源电力供应紧张。

2022 年夏季

全球

北半球连遭高温热浪，多地气温打破历史高点，欧洲遭遇 500 年以来最严重的干旱，俄乌冲突以来，本就如履薄冰的能源供应问题雪上加霜，水、核、煤、气、风、光等电力供应同时遭遇挑战。

国内

川渝等地持续极端高温天气引发干旱，导致水电出力大幅下降，四川省首次启动了突发事件能源供应保障最高级应急响应。

从增强能源安全主动权的整体框架来看，"双碳"目标下能源安全问题的核心是适应性、主动性和稳定性。能源安全的"三性"是能源行业生存力、竞争力、发展力、持续力的保障，能源行业"四力"是支撑"双碳"目标实现的基础。

从能源安全"三性"与能源行业"四力"之间的关系来看，能源安全的适应性决定了能源行业的生存力，能源安全的主动性决定了能源行业的竞争力，能源安全的稳定性决定了能源行业的发展力和持续力。适应性是持续的基本问题，主动性是与时俱进的新问题，稳定性是永恒的本质问题。面对实现"双碳"目标带来的能源安全新挑战，需要增强能源安全的适应性，增加应对能源安全的主动性，从而实现能源安全的稳定性。生存力、竞争力、发展力、持续力之间又是依次递进的关系，生存力是能源行业长期发展的基础；只有具备了足够的生存力，才能在激烈的市场竞争中把握主动权，形成竞争力；发展力是能源行业长期稳定发展的关键，竞争力越强，行业的发展也就越快速；只有具备了足够的发展力，才可以不断创新和开拓，从而形成发展的持续力。

图 5-2　增强能源安全主动权的分析框架

18

发挥煤电
支撑性调节性作用

"双碳"目标下夯实能源安全基础，要坚持先立后破，牢牢立足我国能源资源禀赋与基本国情，推动煤炭与新能源优化组合。我国以煤为主的能源结构短期内难以发生根本性改变，煤炭中长期来看都将是保障能源安全的重要基石，要充分发挥煤炭的兜底保障作用。通过促进煤电清洁高效发展，加快煤电功能定位转变，充分发挥保电力、保电量、保调节的"三保"兜底保障作用。

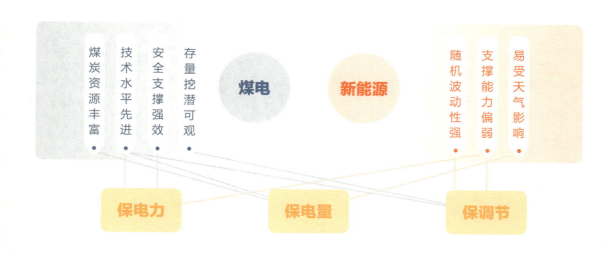

图 5-3 煤电与新能源优化组合功能示意

我国煤炭在能源系统的功能定位经历主体能源、兜底保障、调节补充的转变

2022 – 2030 年 •	功能定位维持主体能源地位，煤炭在能源消费中的占比保持在 43% 以上水平
2031 – 2050 年 •	功能定位由主体能源向兜底保障转变，支撑能源消费结构平稳转型
2051 – 2060 年 •	功能定位为调节补充，主要用于新型电力系统的调节和部分难替代领域的消费

我国现有煤电装机容量 11 亿千瓦，其中 9 亿千瓦以上机组运行指标处于国际领先水平，平均服役年限只有 12 年左右，这是我国电力保障的重要支撑，必须用好用足这一巨大的存量资源。 规模巨大的煤电优质存量机组改造后，具备可观的灵活调节潜力，与新能源发展形成较强优势互补效应。

未来我国煤电发展将大致经历"控容控量"和"减容减量"两个阶段

"控容控量"阶段	**"减容减量"阶段**
近中期新能源难以承担电力供应的主体责任，煤电的基础支撑和兜底保障作用不可替代。	**2030 年后，煤电装机容量和发电量稳步下降，部分退役机组转为应急备用，根据功能定位不同，大致可分三类：**

从 电 力 保 障 作 用 看，2025、2030 年，62%、55% 以上高峰负荷仍需煤电承担。

从 电 量 保 障 作 用 看，2025、2030 年，56%、48% 左右的发电量仍由煤电提供。

- **CCUS 电力电量型机组**
  完成 CCUS 改造，为系统保留转动惯量同时可捕集二氧化碳，可承担一定电量供应功能。

- **灵活调节机组**
  未进行 CCUS 改造，基本不承担电量，仅进行调峰运行。

- **应急备用机组**
  基本退出运行，仅在个别极端天气或应急等条件下调用。

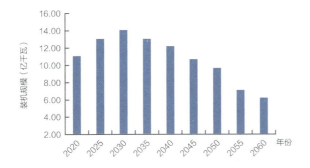

图 5-4　2020 – 2060 年全国煤电装机规模

19

防范能源转型结构性系统性风险

构建新型电力系统是一项复杂的系统性工程，特别是对于正处在结构性调整过程中的电力系统，潜在的系统性风险是最大的安全挑战，传导路径不易识别。坚持系统观念认识"双碳"目标下能源转型带来的系统性风险，需要重视三方面问题：一是系统结构的脆弱性和薄弱环节；二是系统结构性变化的转折点和量变到质变的关键阶段；三是风险连锁反应的动态过程和引发系统性风险的机理。

图 5-5　能源转型系统性风险认识框架

关于系统结构脆弱性，需要开展系统自身脆弱性评估，研判薄弱环节

结构脆弱性的核心在于高比例新能源的随机性、波动性给电力安全供应带来严峻挑战，除结构形态外，电力系统在基础设施、信息系统、调控治理和体制机制等方面的薄弱环节，均会在特定外部条件下扩大风险的影响。近年来连续发生电力供应紧张情况，说明虽然电力系统总体上稳定可靠，但局部韧性降低，抵御冲击能力变弱。理论和实际均表明电力系统结构的脆弱性苗头已经显现，如不妥善处理，将愈演愈烈。

关于系统结构性变化，需要关注新型能源体系、新型电力系统发展过程中电力系统基础设施属性的重大改变

从新型电力系统的功能定位出发，研判新型电力系统基本属性将出现转折性变化，如气象属性增强表现为电力系统源网荷各环节与气象条件的全面深度耦合，颠覆性技术驱动表现为重大颠覆性技术将主导并显著改变电力系统阶段性演化形态。需要加强对关键转折期的研判和预案应对，针对属性变化系统开展规划技术、安全稳定控制理论与方法等升级。

图 5-6　新型电力系统基本属性推导逻辑示意

关于风险连锁反应动态过程，需重视风险传导的跨系统、连锁性特点，防范化解能源转型的系统性风险

由于能源－电力－经济社会关系日趋紧密，一个能源品种或者能源系统关键基础设施的问题，可能通过连锁反应，引发能源系统、电力系统的安全问题，进而对经济社会产生较大影响。需要加强对风险传导机理的研究，建立能源安全系统性风险的预警体系和打断机制，加强重点环节预警。

20

主动应对
新型电力安全风险

"双碳"目标推进过程中，随着电气化水平的不断提升，电力安全的基础性地位也将更加凸显，能源安全保障重心和压力将逐步向电力安全转移集聚，电力安全面临一系列新型风险，必须立足我国能源资源禀赋，坚持系统观念着眼长远做好战略性调整，依靠高质量发展增强安全保障能力，实现安全发展。

01
电力系统稳定运行新挑战
随着高比例新能源、高比例电力电子设备和高自主性新用户的大规模接入，现有电力系统稳定基础理论、控制基础理论以及电力系统运行安全等均面临严峻挑战。

02
气候风险新变量
电力可靠供应受气候影响愈发显著，特别是极端天气发生频次、影响范围和强度不断增加，极易导致一次能源供应受限、电力系统运行环境恶化、用能需求激增等风险。

03
一次能源传导新风险
一次能源供需波动风险正在向电力系统传导，能源产运销任一环节出现状况，均可能产生连锁反应导致供需关系失衡，增加发电燃料供应风险。

04
国际输入风险新挑战
受国际能源市场影响，我国煤炭、天然气等发电能源进口呈"量跌价涨"趋势，国际能源价格高位震荡并向国内渗透，带动国内一次能源价格上涨，增加国内保供压力。

05
战略性矿产资源制约新隐患
我国铜、锂、钴、镍、铬和锰资源禀赋较差，资源储量占全球比重均低于10%，主要依赖进口，对外依存度均超过65%，加上治理能力不足，供应链安全存在隐忧。

图 5-7 电力安全面临的新型风险

"双碳"目标下，能源安全保障压力逐步向电力安全集聚

从能源供应侧看
发电将成为一次能源转换利用的主要方式，预计2030年非化石能源消费占比超过25%，发电能源占一次能源消费比重超过52%。

从能源消费侧看
电力将成为终端用能的主要方式，预计2030年终端电气化水平超过32%。

从能源配置侧看
能源供需双侧对电能高效利用和我国供需格局对大电网安全稳定运行提出更高要求。

要统筹短期与长远、油气资源安全与电力安全的关系

短期内，我国油气对外依存度仍将维持高位，油气资源安全问题仍是首要问题，特别是面对风云变幻的国际环境，必须服务国家能源安全全局要求，动态优化化石能源替代节奏，保持多元化能源供应结构。

长远来看，随着"双碳"目标推进，通过大规模发展新能源可降低油气对外依存度，但也会带来成本上升，并给电力安全稳定运行带来更大挑战，需要坚持平稳有序替代。

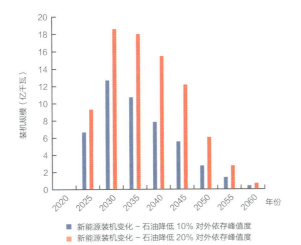
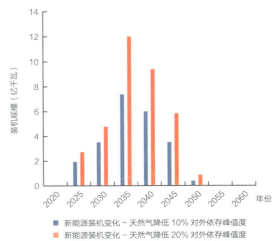

图 5-8 不同油气对外依存度峰值下降目标下新能源装机规模变化量

※ 风险一：高比例新能源电力系统技术特性发生质的变化，运行风险面临新挑战

高比例新能源电力系统安全稳定控制面临平衡难、认知难、控制难、防御难、恢复难五大挑战

随着新能源发电大量替代常规电源，以及储能、可调节负荷等广泛应用，电力系统的技术基础、控制基础和运行机理深刻变化，从由同步发电机为主导的机械电磁系统，向由电力电子设备和同步机共同主导的混合系统转变。电力系统在从传统向新型跨越升级的过程中安全稳定问题复杂严峻，面临多重挑战，系统安全稳定压力和挑战前所未有。

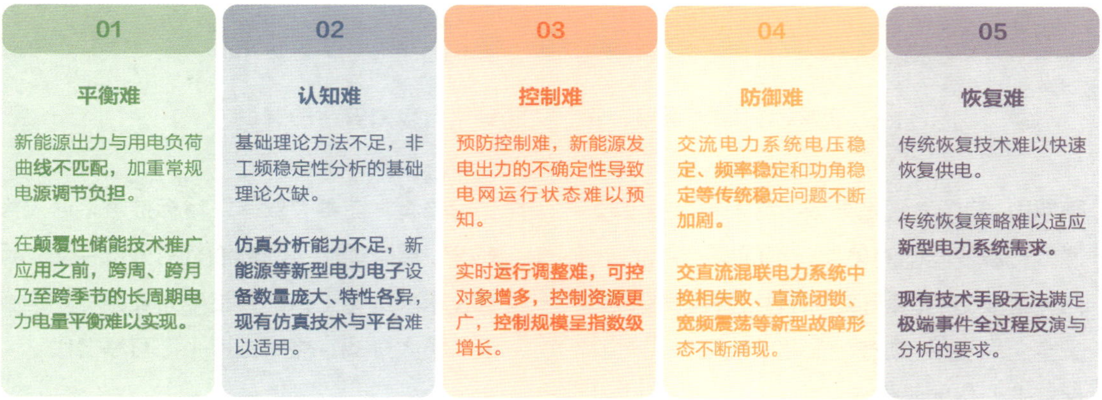

01	02	03	04	05
平衡难	**认知难**	**控制难**	**防御难**	**恢复难**
新能源出力与用电负荷曲线不匹配，加重常规电源调节负担。	基础理论方法不足，非工频稳定性分析的基础理论欠缺。	预防控制难，新能源发电出力的不确定性导致电网运行状态难以预知。	交流电力系统电压稳定、频率稳定和功角稳定等传统稳定问题不断加剧。	传统恢复技术难以快速恢复供电。
在颠覆性储能技术推广应用之前，跨周、跨月乃至跨季节的长周期电力电量平衡难以实现。	仿真分析能力不足，新能源等新型电力电子设备数量庞大、特性各异，现有仿真技术与平台难以适用。	实时运行调整难，可控对象增多，控制资源更广，控制规模呈指数级增长。	交直流混联电力系统中换相失败、直流闭锁、宽频震荡等新型故障形态不断涌现。	传统恢复策略难以适应新型电力系统需求。 现有技术手段无法满足极端事件全过程反演与分析的要求。

图 5-9　新型电力系统安全稳定运行面临的挑战

以输送新能源为主的特高压与新能源快速发展相互叠加，电网安全运行控制问题面临更大挑战

我国"三北"地区已建成多回以输送新能源为主的特高压直流，送端电源出力稳定性和支撑能力较输送火电的通道有所下降，可能带来新的送受端安全稳定问题。

应对电力系统稳定运行新挑战，需构建新型电力系统运行控制体系，保障大电网运行安全。

攻克新型电力系统稳定基础理论，掌握"双高"系统运行特性，提升对新型电力系统技术特性的认知水平。

加强先进信息技术、控制技术和能源技术深度融合，构建大电网安全主动管控体系，持续推进调度运行信息、设备状态信息、气象环境信息三位一体综合应用，实现大电网安全从被动防御向主动管控转变。

※ 风险二：电力可靠供应受气候因素影响加剧，不确定性风险显著增加

气候对电力的影响呈现电力全环节、时间全尺度、地域全覆盖的特征

从电力全环节看，电力系统发输配用各环节均受气候条件影响较大。

从时间全尺度看，年度、季度、日度、时刻等不同时间尺度下，气候对电力系统带来不同的风险。

从地域全覆盖看，近年高温、极寒等气象灾害呈大范围趋势，全网电力供需均受到影响。

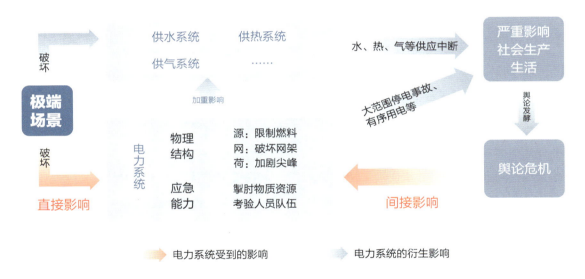

图 5-10　极端气象影响传递机理

气候的强不可预测性，推动电力电量平衡向概率化方向发展

源荷双侧受气候因素影响呈现更强的不确定性，新形势下的电力电量平衡将是一定概率下的平衡。需从规划层面留足发电装机裕度，进一步提升应对极端天气的意识和能力，针对未来可能频发的极端天气事件，健全完善电力规划和应急处置体系。

※ 风险三：一次能源供需波动向电力传导，电力安全面临跨系统新风险

电力供应安全风险传导链呈现跨系统的显著特点，化石能源燃料利用约束收紧和价格波动使得电力供需从传统的电力电量平衡转变为一次、二次能源综合平衡保障，能源产运储销各环节风险均会逐级向电力供需核心环节渗透。

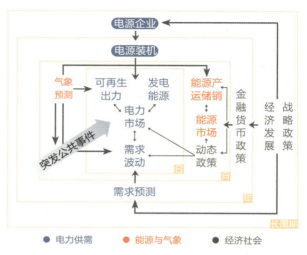

图 5-11　电力供应安全风险传导链

煤炭、天然气等发电燃料的持续稳定供应是火力发电的基石，当前我国火力发电装机占比超过 50%，一旦出现发电燃料供应风险，将严重影响电力供应安全。

从电煤供应看

煤炭增产受安全和环保政策影响限制、雨雪等极端天气阻断运输、电煤中长期合同履约不到位等是影响电煤供应的主要因素。

从发电燃气供应看

我国天然气对外依存度总体攀升，近年来长协合同期限缩短、规模减小，现货占比上升至近 30%，客观提高了价格波动风险；同时，国内工业和民生用气增长等因素，均会造成发电用气受限。

为应对一次能源供需波动传导风险，需继续严格落实国家政策"组合拳"。

落实各省级煤矿电煤产量销量刚性责任、铁路电煤运力保障责任，强化电煤产运储需衔接协调，保证重点区域、重点电厂的电煤需求。

落实各省自产煤炭保底责任，统筹好煤炭安全整顿与生产保供。

加强发电燃料中长期合同签约履约监管，严格落实国家价格政策。

※ 风险四：实现开放条件下的能源安全，需防范国际输入型风险

近年来，国际政治经济格局进入动荡变革期，面临百年未有之大变局。尤其是俄乌冲突发生后，全球能源产业链供应链遭受严重冲击，国际能源价格高位震荡，给我国能源电力供应安全带来不确定性。

短期来看，国际能源价格高位震荡叠加能源供应竞争加剧，导致我国发电一次能源进口"量跌价涨"，对我国火电发电能力产生影响。

煤炭方面，2022 年全年进口量同比下降 9.2%，进口价格同比上涨 30.9%。国际煤炭价格上涨带动国内煤炭价格走高，中电联 CECI 沿海指数显示，2022年电煤综合价维持在 700 ～ 1000 元 / 吨的价格区间，总体呈上升趋势。

天然气方面，2022 年全年进口量同比下降 9.9%，进口价格同比上涨 44.6%，国内供气企业普遍较大幅度调涨价格。冬季用电高峰与民生用气高峰重合，部分地区出现发电用气供应紧张问题。

从国际因素推高国内发电一次能源价格看，全国范围火电发电能力都受到连带影响。

长期来看，面临关键技术"卡脖子"风险。

目前，我国电力领域部分关键设备组件、高性能基础材料、工控芯片和工具软件仍依赖国外，随时面临国外技术禁用、产品限制出口的风险。

应对国际输入型风险，需加快关键技术攻关，强化战略资源储备。

发挥新型举国体制优势，推动能源电力产业链上下游企业联合攻关，集聚技术、资金、人才优势，加快攻克一批"卡脖子"技术。

加强国际一次能源市场形势分析与风险预警，采取更加积极主动的政策，确保一次能源稳价保供。

※ 风险五：新型电力系统对矿产资源依赖增强，面临关键矿产资源制约风险

新型电力系统材料密集型特点日益凸显，关键矿产资源是其重要物质基础和基本前提。当前我国部分重要矿产资源禀赋较差、对外依存度较高，未来新型电力系统产业对矿产资源的需求呈倍增趋势，供需形势日趋严峻。清洁能源技术涉及矿产资源将成为影响清洁低碳技术发展路线、能源电力"双碳"转型路径的新边界和新约束。

类别	29 Cu 铜	3 Li 锂	28 Ni 镍	60 Nd 钕
当前年供给	2100 万吨（2020 年）	41 万吨（碳酸锂当量，2019 年）	252 万吨（2020 年）	3 万吨（2020 年）
2050 年需求量	5000 万~7000 万吨	200 万~400 万吨（碳酸锂当量）	500 万~800 万吨	20 万~50 万吨
当前储量	8.8 亿吨	800 万吨（碳酸锂当量）	8900 万吨	800 万吨

图 5-12　关键矿产资源供需关系
（数据来源：IRENA，2022）

新能源需要一定的载体转换成二次能源，较传统能源对矿产资源的依赖明显增强

自 2010 年以来，随着风电、太阳能发电装机占比的快速提高，全球新增机组平均所需矿产资源量增加近 50%，未来新型电力系统产业将成为矿产资源市场的主要力量。不同类型清洁能源技术对矿产资源的需求存在差异，其中，铜、镍、锂、钴和稀土（尤其是钕和镝）对新型电力系统产业发展至关重要。

60
Nd
钕

稀土元素（如钕、镝）可以产生强大的磁性，主要用于风力涡轮机和电动机发电机的永磁体制作，永磁体是稀土最大终端用途（占 2020 年总需求的 29%）。但随着稀土价格上涨，近半数汽车制造商计划未来减少稀土元素的使用，国外也倾向采用不用稀土的电励磁同步发电机技术制造风电涡轮机。

66
Dy
镝

锂主要应用于电池领域，目前锂市场由碳酸锂、氢氧化锂、锂精矿、锂金属、氯化锂、丁基锂等化合物组成，未来锂市场结构将随着储能技术路线的发展而调整，具有不确定性。

3
Li
锂

钴主要用于锂离子电池的各种终端产品，2021 年全球钴市场规模猛增 90%。未来电动汽车对钴的需求将超过智能手机和其他高科技设备，成为钴需求增长的主要推动力。

27
Co
钴

镍是构成电池阴极的重要材料，当前可代替镍的材料（如磷酸铁锂）技术性能较差。目前镍需求量的 70% 用于不锈钢生产制作，但未来镍的需求量将与锂离子电池发展强相关。

28
Ni
镍

铜是能源转型必需的重要资源。由于其独特的导热和导电性能，近年来铜被广泛应用于太阳能和风能基础设施、电动汽车等终端应用，以及电网电缆等方面。

29
Cu
铜

图 5-13 关键矿产资源在电力系统中的应用

各类清洁能源技术的快速发展将带动上游矿产资源需求不断扩大，部分矿产将从当前的"小矿种"变为未来的"大矿种"

预计到 2060 年，新型电力系统的累计矿产需求将增至目前的 18 倍左右。分资源类型看，2060 年各类清洁能源技术对铜、铬、钼、锌、稀土和硅的累计需求量分别增至 2020 年累计需求量的 10 倍左右，对锂、钴、石墨的累计需求量为 2020 年累计需求量的 100 倍左右。

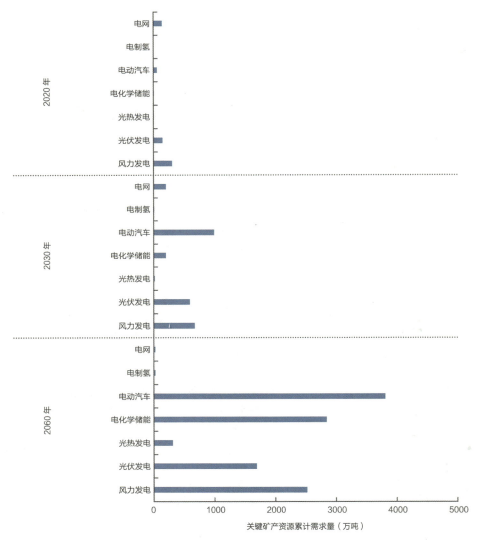

图 5-14　不同年份关键矿产资源累计需求量预测

注：本图中关键矿产资源包括铜、锂、钴、镍、稀土、锰、铬、钼、锌、石墨、硅、矾。

从资源储量看，当前全球矿产资源储量基本可满足未来全球清洁能源技术发展需求，但我国部分矿产资源储量有限，难以支撑新型电力系统发展

预计到 2060 年，我国新型电力系统产业发展所需的铜、锂、钴、镍的累计需求量将超过国内储量，铬、锌和石墨累计需求量分别占国内储量的 50%、29% 和 13%，部分矿产资源成为制约新型电力系统发展的突出因素。同时，矿产资源的开发和利用事关生态文明建设，不只满足新型电力系统产业一家之需，应从全局上统筹兼顾，避免寅吃卯粮、顾此失彼。

从资源产量看，当前部分矿产资源的全球产能不足，国内产量难以支撑电力"双碳"目标如期实现，我国部分矿产资源对外依存度将持续提升，同时面临更加激烈的资源竞争环境

假设未来各类矿产资源年产量保持当前水平，预计 2050 — 2060 年期间，我国镍、钴资源几近消耗殆尽，对外依存度将接近 100%，2060 年我国锂资源的对外依存度达到 90% 左右。关键矿产资源高对外依存度和低定价话语权将导致未来我国新型电力系统产业链供应链安全风险持续攀升，进而影响能源绿色低碳转型的进程或电力低碳转型技术路线的选择。

我国清洁能源技术涉及关键矿产资源供应链面临多重风险

一是关键矿产资源分布和所有权相对集中，矿产资源供应链韧性较差；二是采矿业产能增速低于需求增速导致的产能持续紧缺；三是受产业链本土化和资源民族主义等影响，资源国出口收紧形势加剧；四是我国矿产资源开发利用技术水平与发达国家存在差距；五是我国矿产资源知识较薄弱，在资源体系规则制定与资源控制方面处于被动地位；六是我国在资源治理市场中的参与度和能力建设不够，难以将内需市场优势转化为话语权优势。

立足我国新型电力系统发展全局，清洁能源技术涉及关键矿产资源不仅关乎我国能源电力转型路径的规划和设计，也涉及现代产业体系自主可控能力建设

清洁能源矿产资源作为新型电力系统发展的边界条件，需要在顶层设计层面与经济、社会、环境等各类关键因素统筹考虑，发挥我国新型举国体制优势，抓紧布局关键替代性技术，提升矿产资源供应链韧性，提高新型电力系统全产业链的全要素生产率，全力发展循环经济。

21

树立新型
电力安全观

随着电力系统中新能源占比的逐渐升高，电力系统与自然融合程度越来越高，电力安全的不确定性风险问题将更加突出，电力安全的影响因素也向系统内外部不同维度拓展，面临一系列传统安全和新型安全。需对基于人工系统的传统电力安全观进行再思考、再调整，树立新型电力安全观。总的来看，新型电力安全观涵盖三大变化，即电力安全目标韧性化、电力安全边界模糊化、电力安全责任主体多元化。

图 5-15　新型电力系统建设涉及领域

传统电力系统的安全影响因素较为单一，电力的传统安全问题主要包括电力供需平衡安全、电力系统稳定运行安全、电力建设施工安全、触电等人身安全，聚焦于电力系统发输配用各领域，贯穿于电力规划建设、运行管理和应急保障各环节。**随着新型电力系统建设的推进，电力系统源网荷储各环节均发生深刻变化，电力的新型安全问题日益突出。**

电力传统安全问题	电力新型安全问题
● 电力供需平衡安全	● "双高"电力系统稳定运行安全风险
● 电力系统稳定运行安全	● 高度数字化带来的网络信息安全风险
● 电力建设施工安全	● 新能源比重大幅提升下的极端天气、自然灾害风险
● 触电等人身安全	● 新型供用能及颠覆性技术安全风险
	● 国际输入型风险
	● 与交通等跨能源系统融合带来的新型基础设施安全风险
	● 新型电力系统技术形态演化带来的新型产业链供应链安全风险

传统的电力安全观已不能适应电力安全面临的新形势，需要树立新型电力安全观。

一是电力安全目标韧性化，要因时因地考虑不确定性风险影响

电力系统不可控的自然气象属性，将使传统刚性的供电可靠性指标难以全时全域地适应整个新型电力系统的安全性和充裕性评估需求，需要考虑如何满足不同地区、不同时段、不同类型用户个性化可靠性需求。电力安全观由刚性安全进一步向强化系统韧性的目标转变。

二是电力安全边界模糊化，要更加重视电力安全风险预警体系建设

随着新型电力系统建设的推进，技术突破进入"无人区"，电力市场建设进入"深水区"，电力系统与经济系统和自然系统的融合加深，电力安全的边界不断拓展和延伸，电力安全风险的触发点已经很难精准定位。要深入研究各类型风险作用机制及传导和打断机理，构建科学精准全面的风险预警体系。

三是电力安全责任主体多元化，要全社会共建电力安全体系

随着新型电力系统安全边界的延伸，加之新型电力系统与社会系统高度融合，电力安全的责任主体已经不仅仅局限于电力企业，需构建包括行业内外的电力安全共建共享共担体系。

陆

追赶世界节能强国之路：激活"第一能源"

有效落实节能优先方针

走中国特色能源电力"双碳"之路，要求充分发挥节能降耗的关键作用。要实施全面节约战略，抑制不合理的能源消费，倡导绿色消费，推动生产生活方式绿色低碳转型，以更加集约高效的方式满足人民美好生活需要，为推动中国式现代化夯实物质基础。

22

工交建节能潜力巨大

作为能源消费规模世界最大且仍在增长的国家，节能降耗在"双碳"转型中的重要性和紧迫性日益凸显。能效受技术进步、能源结构调整、产业结构优化、能源价格及碳价变动、政策法规制定实施等多重因素影响，需要在工业、交通、建筑等各领域共同发力，充分释放出巨大的节能潜力。

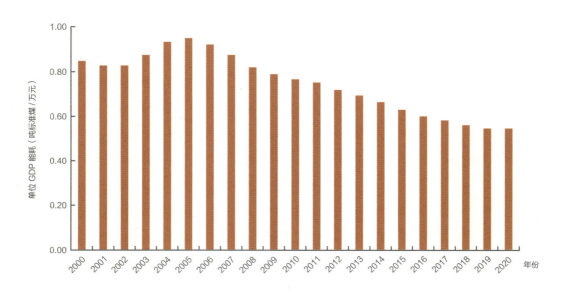

图 6-1　我国全社会单位 GDP 能耗走势

"十四五"以来，我国组织实施节能减排重点工程，如重点行业绿色升级工程、交通物流节能减排工程、城镇绿色节能改造工程等，推动能源效率持续提升。"双碳"目标下，生态优先、节约集约、绿色低碳发展将深入推进，需要进一步深刻认识和挖掘节能降耗的巨大潜力与价值。

工业领域

加快化解工业领域过剩产能是首要举措。 坚决遏制"两高"项目盲目发展，加强重点行业过剩产能预警，提高"两高"项目节能环保准入标准。

工艺流程和新产品技术创新是工业领域节能提效的根本途径。

黑色金属工业	以原燃料结构优化、流程结构调整、突破性低碳冶炼技术等为主要路径实现深度节能提效，预计 2025、2030、2060 年行业产值能耗分别降至 2.7、2.2、1.5 吨标准煤 / 万元。
有色金属工业	推动生产方式向智能、柔性、精细化转变并加快新材料研发，预计 2025、2030、2060 年行业产值能耗分别降至 1.5、1.4、1.2 吨标准煤 / 万元。
建材工业	通过智能化技术减少熟料煅烧过程的波动性，预计 2025、2030、2060 年行业产值能耗分别降至 2.0、1.8、1.4 吨标准煤 / 万元。
石油和化学工业	推广新催化剂以及与新一代信息技术深度融合的石化新工艺、新设备等，预计 2025、2030、2060 年行业产值能耗分别降至 2.1、1.9、1.5 吨标准煤 / 万元。

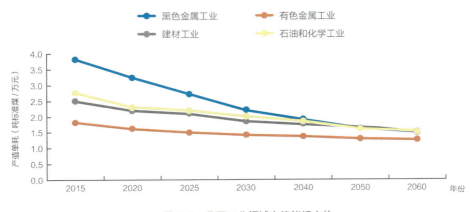

图 6-2　我国工业领域产值能耗走势

交通领域

交通用能将持续增长，加快转向电力和氢能，实现低碳替代技术的突破和推广是提高能效的关键。

 公路运输：新能源汽车占比持续上升，公路运输向能效更高的水路和铁路运输转移。轻量化技术、节能汽车技术、新能源汽车技术加大应用，大宗货物运载由公路运输向水路和铁路运输转移。预计 2025、2030、2060 年单位运输周转量能耗将分别下降至 340、310、264 千克标准煤/（万吨·公里）。

 铁路运输：提高铁路电气化率有利于提升清洁电能消费和能效水平。数字孪生铁路技术、智能牵引供电成套技术等将助力铁路交通全面实现智能化。预计 2025、2030、2060 年单位运输周转量能耗将分别下降至 37、34、24 千克标准煤/（万吨·公里）。

 水路运输：通过港口岸电、推广电动船舶降低运输周转量能耗，加强氢能等新能源在船舶中的应用比重，进一步加大绿色船舶运力。预计 2025、2030、2060 年单位运输周转量能耗将分别下降至 29、26、22 千克标准煤/（万吨·公里）。

 航空运输：推广廊桥岸电、航空发动机减重等技术，提高新能源在航空领域的应用比重。推广应用桥载设备替代飞机 APU、机场廊桥岸电技术、航空发动机减重技术，加强生物航煤、电气化、氢能等新能源在航空领域的应用，进一步加大绿色航空运力。预计 2025、2030、2060 年单位运输周转量能耗将分别下降至 4101、4094、3960 千克标准煤/（万吨·公里）。

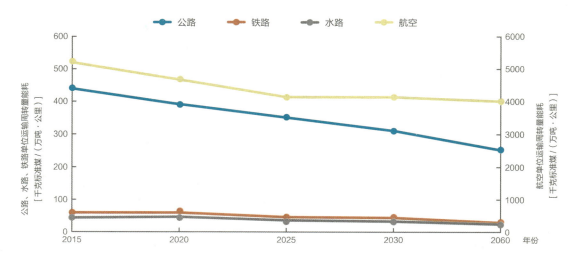

图 6-3　我国交通领域单位运输周转量能耗走势

建筑领域

建筑领域提升能效的主要途径是提升建筑节能标准，推广先进建筑节能技术，开展建筑绿色节能改造。

不断提升围护结构性能，逐步更新建筑节能标准。 加强围护结构保温，利用外墙保温技术、门窗保温技术等降低冬季采暖用能需求。研究与实践表明，增强外墙保温、门窗更换、增设暖廊等，可提升能效约 30%。

推广被动式建筑节能、绿色照明、高效节能家电等技术。 充分发展生物质与可再生能源利用技术，推动"被动式建筑"设计，提升材料效率，推广使用低碳材料、高效隔热建筑围护结构以及照明设备和电器。

从节能建筑到绿色建筑转变，从单体技术向综合节能技术转变。 随着建筑节能标准的提高，后期围护结构、用能设备的能效提升空间已经不大，将由重视单项技术应用向重视综合应用效果转变，单项技术改造向系统综合改造转变，节能改造向绿色改造转变，广泛利用综合能源技术、清洁能源技术，运行管理向信息化、智能化转变。

预计 2025、2030、2060 年我国单位建筑面积能耗分别下降至 11.4、9.6、6.2 千克标准煤 / 米^2。

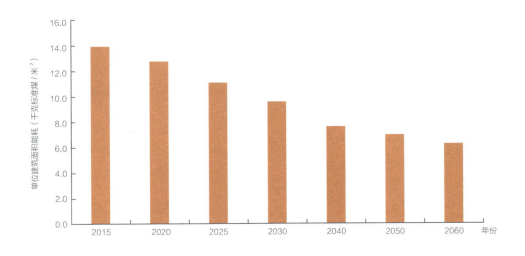

图 6-4　我国单位建筑面积能耗走势

23

多维发力破解关键制约

制约我国节能提效的关键问题突出表现在综合能源系统及能效服务尚未普及，市场在能效提升中的作用不充分，先进能效技术研发应用尚存在瓶颈，能效综合人才培养认证体系有待健全，能效相关法律法规执行力度有待加强、标准体系仍需完善，提升全民节能意识仍有不足等方面，要多维发力共筑节能提效之路。

图 6-5 节能提效关键举措

大力推广以电为中心的综合能源系统，带动能效服务产业发展壮大。

打破不同能源品种间的体制壁垒，发挥不同能源的优势特性，实现系统集成层面的能效提升。

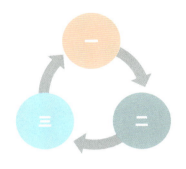

加强统筹规划，针对综合能源系统初始投资较大、回收期较长的特点，建立起科学合理的财税补贴和金融支持机制。

发展综合能源服务产业联盟等，加快综合能源服务平台生态的构建，整合行业协会、龙头企业的优势资源。

加快构建统一开放、竞争有序的市场体系，调动用户积极性。

将可节约资源纳入能源系统规划和运行，配合市场改革进程探索可节约资源管理新机制，引导用户积极参与能源市场互动。

理顺能源供需关系，完善能源价格和激励机制，形成反映资源稀缺程度、环境成本的能源价格体系。

促进能效服务市场规模持续增长，推动商业模式和服务业态的创新，完善电力市场、碳市场机制，深化用能权有偿使用和交易。

加强国际交流与科技创新合作，完善能效技术从研究到应用的产业链。

完善国际科技交流与创新合作机制，积极搭建交流合作平台，定期开展多种形式的交流互动，不断提升我国高能效技术方面的科研实力。

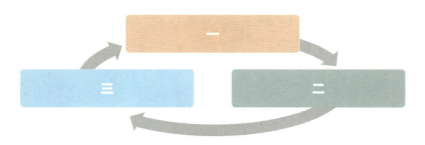

建立成果转化激励机制，对在高能效产品成果转化方面作出突出贡献的各主体实行资金支持、减免税收等激励措施。

完善产学研协同的监管机制，严格规范合作中科研成果归属、产品生产成本分摊等具体内容，保护各主体在合作中的正当利益。

加强能效综合型人才培养并建立相应的认证体系。

建立综合 5G、大数据、云计算等新兴技术以及用能节能等传统技术的能效综合型人才培养体系，探索成立一批能效专业院系，设置完备的课程体系，并加强与能源企业合作，共同开展理论和工程能力培养。

设置能效相关的各级各类资格认证制度，引导企业选用经过认证的能效管理人员，同时积极与国际认证体系接轨，实现人才的双向流动，不断壮大能效人才队伍。

加大能效法律法规执行力度，完善相关标准体系。

以能效标准作为法律法规执行的准绳，完善监督体系，扩大监管范畴；及时更新奖惩标准，特别是提高未达标主体的处罚力度，增强能效法律法规威慑力。

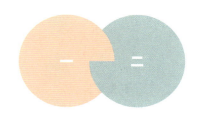

制定和完善各层级能效标准，明确终端用能效率、终端电气化水平、碳排放总量及强度等指标，滚动提升能效标准水平，定期发布高能效技术推广目录。

加强对节能节电的宣传引导，营造全民崇尚节约的浓厚氛围。

充分运用好“线上＋线下”的各种宣传渠道，加大宣传频次、丰富宣传形式、提升宣传效果，大力普及节能节电技巧和常识，积极推广生态文明、绿色低碳发展理念，增强全民节约意识，引导各类用户形成节约用能用电的生产生活方式。

柒

新能源高质量发展之路："量率"统筹

重点解决新能源"立"的问题

实现人与自然和谐共生的现代化，关键在能源低碳发展。实现"双碳"目标，新能源发展规模要大、利用水平要高，"量率"要统筹。与国外相比，我国能源电力结构偏煤、系统综合调节能力偏弱，推动新能源大规模高比例发展替代高碳能源难度偏大。新能源高质量发展，重点要解决"立"的问题，更好发挥新能源在能源保供增供方面的作用。

24

建设新能源供给消纳体系

经过三个"五年"规划期的快速发展，我国已成为全球新能源发展高地，在装机规模等重要指标上世界领先。要应对新能源的随机波动性、弱支撑性，支撑新能源规模化、高比例发展，解决好新能源"立"的问题，必须考虑我国以煤为主的基本国情，统筹协调发展和利用好各类能源，走出一条立足新能源供给消纳体系的高质量协同发展之路。

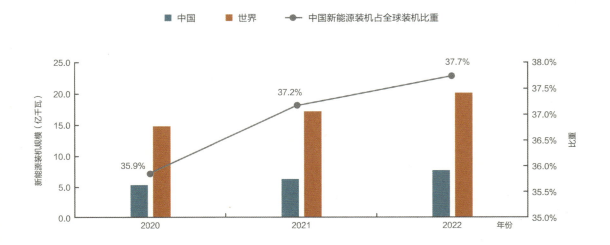

图 7-1 我国新能源装机规模及占全球装机比重情况

作为实现"双碳"目标的重中之重，我国新能源将进入跨越式发展新时代

截至 2022 年底，我国新能源装机容量达到 7.6 亿千瓦，新增装机容量 1.2 亿千瓦，连续三年新增突破 1 亿千瓦。其中，风电装机容量达 3.7 亿千瓦、连续十三年保持全球第一，海上风电装机容量 3205 万千瓦、蝉联世界第一；太阳能发电装机容量达到 3.9 亿千瓦、连续八年稳居世界首位。

《"十四五"可再生能源发展规划》指出，到 2025 年风电和太阳能发电量实现翻倍。预计 2030 年，新能源发电装机容量达 15 亿～ 18 亿千瓦，超过煤电成为第一大电源。预计 2060 年，新能源发电装机容量达 40 亿～ 50 亿千瓦，装机占比接近三分之二。

新能源供给消纳体系成为未来发展重要模式

2022 年 1 月，中共中央政治局就努力实现碳达峰碳中和目标进行第三十六次集体学习，提出加大力度规划建设以大型风光电基地为基础、以其周边清洁高效先进节能的煤电为支撑、以稳定安全可靠的特高压输变电线路为载体的新能源供给消纳体系，以充分保障新能源"发得好""送得出"。

- 千万千瓦装机规模
- 发挥风光互补特性
- 新能源利用率因地制宜

大型风光电基地　＋　清洁高效煤电

- 100 万千瓦空冷机组
- 最小技术出力水平 20% ～ 30%
- 煤耗水平低于 290 克 / 千瓦时

特高压通道

- 可再生能源电量比重不低于 50%

图 7-2　新能源供给消纳体系

坚持系统思维，不断夯实新能源对传统能源安全可靠替代的产业基础

能源电力碳达峰碳中和需要坚持先立后破，新能源"立"的问题必须着眼产业优化升级，在经济社会整体中加以考量，服务地区间经济协调发展、协同降碳扩绿以及能源资源优化配置，支撑国民经济、产业布局、基础设施建设之间形成良性循环。

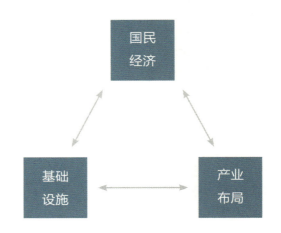

坚持多措并举，技术创新和机制创新两手都要硬，支撑新能源高效消纳利用

新能源消纳是一项系统性工程，涉及发输配用、源网荷储各环节以及政策机制等方面。促进新能源消纳需要电力系统发、输、配、用全环节协同发力。实现高水平消纳，既要"源—网—荷—储"技术驱动，也需要政策引导和市场机制配合。"源—网—荷—储"是"硬件系统"，决定新能源消纳的技术潜力；政策及市场机制是"软件系统"，决定技术潜力发挥的程度。

图 7-3　促进新能源消纳措施维度分析

我国新能源发电利用水平不断提升的基本经验是多措并举、综合发力，主要集中在**加强特高压通道建设、推动灵活性资源建设、优化调度运行、加快电力市场建设、发挥政策指引等方面**。

加强大电网建设，持续提升新能源资源优化配置能力。截至 2022 年底，全国跨区送电能力提升到 1.9 亿千瓦。

持续推动灵活性资源建设，不断提升系统调节能力。截至 2022 年底，建成抽水蓄能 4579 万千瓦、新型储能 870 万千瓦。

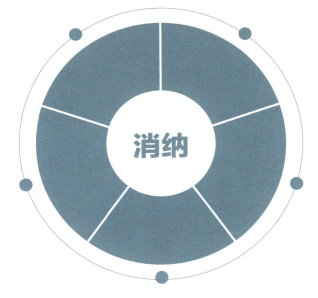

加快电力市场建设，发挥市场资源配置决定性作用。2022 年，市场化交易电量约 5.25 万亿千瓦时，同比增长 39%，占全社会用电量的 60.8%。

优化系统调度运行，提升电网平衡能力。积极开展源网荷储多元协调调控，区域旋转备用共享等。

持续完善政策机制，发挥政策引导作用。陆续建立风光发电投资监测预警机制、可再生能源电力消纳保障机制等。

图 7-4 我国新能源发电利用水平不断提升的基本经验

坚持协调推进，在碳达峰碳中和进程中优化新能源供给消纳体系构建路径

趋势 1：在"绿电先行、产业跟随"趋势下，西部绿电增长与产业西移协同进行。 从全国布局来看，碳达峰后，东部地区碳排放总量逐步压减的过程，就是绿电增长、产业转型升级与部分产业西移的过程，西部地区则是利用绿电承接产业转移的过程。

趋势 2：全国逐渐形成以东中部、西部北部绿电开发利用两大空间和以绿电西电东送相结合的基本格局。 碳达峰阶段，呈现东"分布式"、西"集中式"为主的特征，绿电西电东送持续提高优化中东部结构；碳达峰至碳中和阶段，西电东送规模逐渐饱和，兼顾送电与互济作用，依托东中部大型海上风电基地、西部北部大型风光基地开发与就地就近消纳形成两大空间。

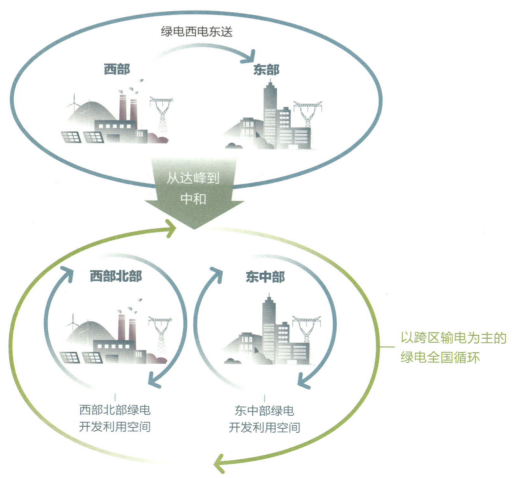

图 7-5 东中部、西部北部绿电开发利用

趋势 3：聚焦碳循环经济实现新能源跨系统消纳。随着新能源装机规模和比重提升，新能源消纳由以电力系统为主逐步向跨系统综合利用发展，充分发展绿电制氢、气、热等 P2X 和跨能源系统利用方式，并与火电 CCUS 捕集的二氧化碳结合制取甲醇、甲烷等应用于工业原料领域。

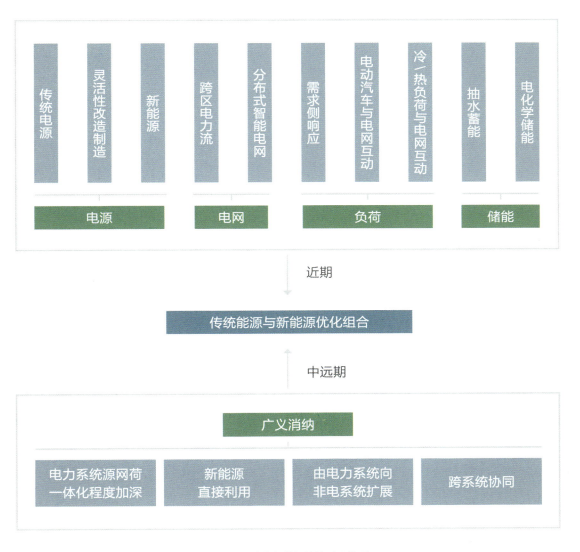

图 7-6 广义新能源消纳利用体系

25

树立新能源合理利用率理念

新能源高质量发展离不开高水平消纳，利用率已经成为衡量新能源治理成效的"晴雨表"。经过政府部门、发电企业、电网企业以及行业内外的共同努力，我国新能源利用率连续多年保持在 95% 以上，在大规模发展的同时实现了高水平消纳利用。面向未来，随着新能源渗透率持续提升，继续维持高利用率从技术和成本上都存在巨大挑战。解决好新能源"立"的问题，要从全社会电力供应成本角度出发，树立新能源合理利用率理念，助力新能源高质量发展。

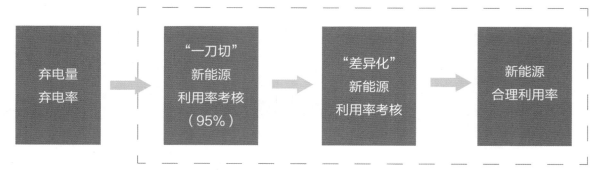

图 7-7　新能源消纳衡量指标演变过程

近年来，通过多措并举、有效施策，风电利用率连续四年保持在 95% 以上，光伏发电利用率连续五年保持在 95% 以上。2022 年，全国新能源发电量 1.2 万亿千瓦时，首次突破 1 万亿千瓦时，占总发电量的 13.7%。其中，风电发电量 7624 亿千瓦时，同比增长约 16.3%；光伏发电量 4276 亿千瓦时，同比增长 30.8%；风电、光伏发电利用率分别达到 96.8% 和 98.3%。

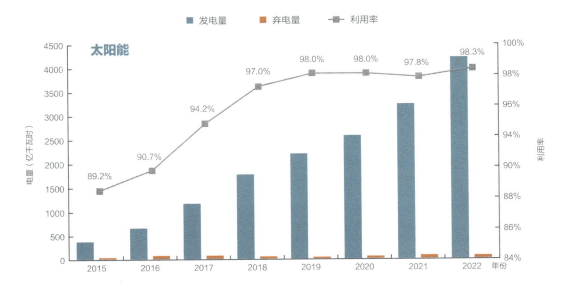

图 7-8　2015－2022 年我国风电、太阳能发电利用率变化情况

面向未来，新能源大规模发展对系统消纳能力的影响将逐步进入"临界点"，继续维持高利用率水平将面临巨大挑战。以典型区域为例，利用国网能源院自主研发的全景电力系统运行模拟分析平台 NEOS 分析 2025 年不同装机规模下新能源消纳利用情况。结果表明，若不采取其他措施，"十四五"新能源利用率呈下降趋势，即国家电网公司经营区 2025 年新能源装机规模若较"十四五"可再生能源发展规划增加 30%，新能源利用率则从 95% 降低到 90% 左右。

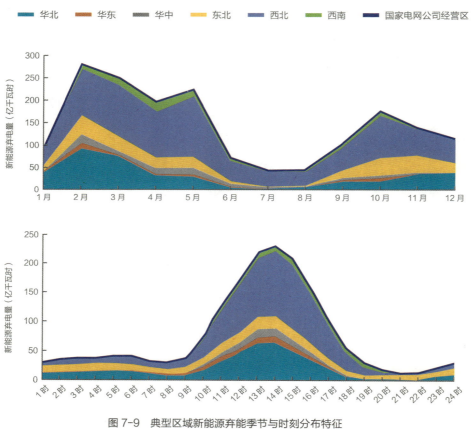

图 7-9 典型区域新能源弃能季节与时刻分布特征

利用率管控目标将影响可接纳的新能源发展规模、系统灵活资源需求和电力供应成本。设定过高利用率的消纳目标，片面追求完全消纳，将极大提高系统备用成本，既不经济，也将限制新能源发展。为此，应科学探索新能源合理利用率，并在实践中加以明确。目前国际上对"合理利用率"的定义并不统一，尚未有国家公开提出最经济或合理的新能源利用率水平。**但总的来看，在高新能源渗透率情况下，合理弃电是经济且必要的。**

欧洲	美国
2011年，丹麦等国家学者提出新能源"经济弃电"概念，即避免尖峰时刻消纳新能源产生的超额成本；2016年，德国研究机构指出，若保障完全消纳，当地海上风电发展成本将提高30%。	美国加州电力系统运营者在月度公报中将弃电分为经济弃电、阻塞弃电、调峰弃电三大类分别进行统计，经济弃电不作为电网规划的约束条件。

适度降低新能源利用率水平有利于扩大未来发展空间，利于装机规模和发电量双提升，结合新能源资源禀赋和系统消纳条件，积极探索树立新能源合理利用率理念。某典型水平年下新能源装机规模随利用率控制目标降低而增加，电力供应成本则呈"U形曲线"变化。从系统全局出发，新能源消纳水平理论上存在总体最经济的"合理值"。新能源"合理利用率"可定义为使全社会电力供应成本最低的新能源利用率水平。各省应因地制宜设定利用率管控目标，对于新能源渗透率较高、灵活资源和断面受限地区可适当放宽要求。以国家电网公司经营区为例，2025年新能源利用率从95%平均每降低1个百分点，可承载新能源装机规模多2200万~3000万千瓦。

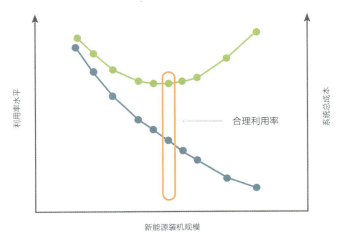

图 7-10 新能源合理利用率定义

26

灵活调节能力补短板

持续提升电力系统调节能力，扩大新能源消纳空间，是增强新能源"立"起来能力的关键所在。应因时因地制宜，综合运用各环节灵活调节资源，深度挖掘存量资源潜力，优化增量资源规模结构布局。同时也要扩大灵活调节资源来源，在电力系统自身调节资源基础上实现纵向延伸和横向拓展，经济高效地纳入跨系统调节资源。

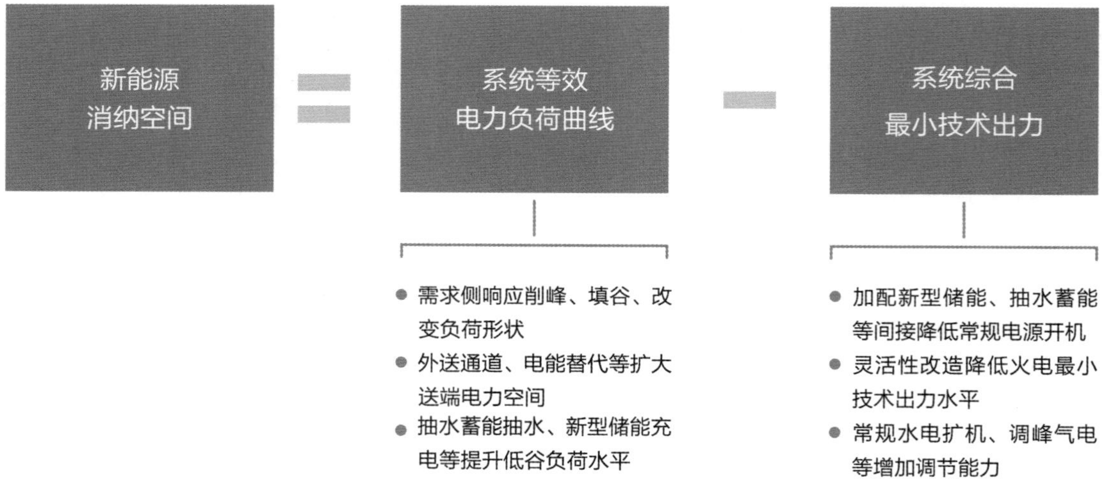

新能源消纳空间	＝	系统等效电力负荷曲线	－	系统综合最小技术出力

系统等效电力负荷曲线：
- 需求侧响应削峰、填谷、改变负荷形状
- 外送通道、电能替代等扩大送端电力空间
- 抽水蓄能抽水、新型储能充电等提升低谷负荷水平

系统综合最小技术出力：
- 加配新型储能、抽水蓄能等间接降低常规电源开机
- 灵活性改造降低火电最小技术出力水平
- 常规水电扩机、调峰气电等增加调节能力

图 7-11　新能源消纳空间原理示意

新能源高水平消纳利用关键在于系统灵活调节资源是否充裕

受能源资源禀赋等影响，我国电源结构长期偏煤，灵活调节电源比重偏低。我国抽水蓄能、天然气发电等灵活调节电源比重仅 6% 左右，装机规模不到新能源的四分之一，而西班牙、美国等灵活调节电源比重分别为 34%、49%，灵活调节电源分别是新能源装机规模的 8.5、1.5 倍。

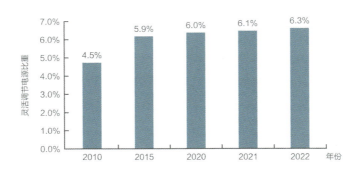

图 7-12　我国灵活调节电源比重变化情况

优化配置系统灵活调节资源，必须坚持立足我国国情能情。近中期统筹协调煤电存量资源改造与增量资源建设，着力做好煤电与新能源协同规划。"十三五"期间，"三北"地区累计完成 8241 万千瓦，平均增加调峰深度 18.2%。《全国煤电机组改造升级实施方案》提出，"十四五"期间完成火电灵活性改造 2 亿千瓦，平均增加调峰深度 15% ~ 20%。

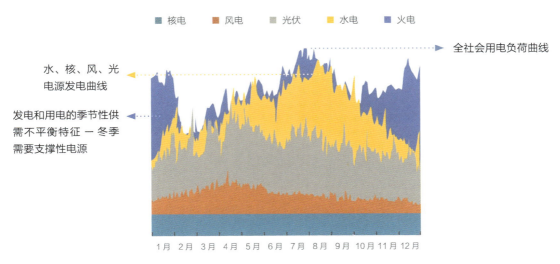

图 7-13　电力系统灵活调节资源需求示意

其他提升系统灵活性主要手段包括需求侧响应、新建抽水蓄能和新型储能等

需求侧响应是指电力用户根据价格信号或激励措施，改变用电行为的需求侧资源利用方式，目前应用主要以"削峰"为主，利用程度较低，随着发展政策及市场机制的完善，未来将发挥更为关键的调节作用。《"十四五"现代能源体系规划》要求，力争到 2025 年，电力需求侧响应能力达到最大用电负荷的 3% ~ 5%。

储能调节能力优异，可通过能量时空转移实现削峰填谷，促进新能源消纳。从技术经济角度看，抽水蓄能技术成熟、安全性高、污染风险小、能够提供转动惯量和电压支撑，新型储能布点灵活、建设周期短、不受站址限制。从调节能力看，目前新型储能以短时储能为主，抽水蓄能电站大多为日调节蓄能电站，目前只有福建仙游、江西洪屏等少数已投运抽水蓄能电站具有周调节性能。

配置短时储能促进消纳在部分省区会出现"饱和效应"

"饱和效应"是指在高新能源渗透率下，增加短时储能对新能源消纳的提升作用将逐渐减弱，新能源利用率将随着储能规模增加逐步"饱和"。原因在于随着新能源装机占比提升，由短时间段弃能演变为连续长时间弃能时，短时储能所储电量很难有机会放出，再增加储能规模对于利用率提升作用将减弱并趋于饱和。

以送端典型省份为例， 当考虑 2025 年新能源装机规模 7100 万千瓦（占比 60%）时，储能规模由 0 增至 800 万千瓦，新能源利用率提升 3.4 个百分点，但由 800 万千瓦继续增至 1600 万千瓦，利用率仅能提升 0.37 个百分点，即每百万千瓦储能促进新能源利用率增长幅度，由 0.43 个百分点下降到 0.046 个百分点。**持续增加短时储能规模不能带来新能源利用率的等效提升，需要正确认识"储能可留住无限风光"，即不能简单认为"新能源 + 储能"即可解决消纳问题。**

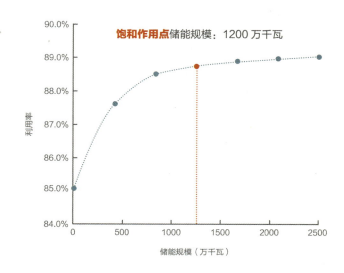

图 7-14　短时储能促进消纳"饱和效应"示意

精准分类基础上合理配置不同调节性能储能设施

规范化和精细化储能类型划分，如日、多日、周、月、季、年调节等类型，综合考虑经济性和"饱和效应"，在不同时段、不同地区多元化合理配置包括多类型储能在内的灵活调节资源。特别是对新能源比重较高的"三北"地区，优先考虑火电灵活性改造、增加外送、需求侧响应等不存在显著"饱和效应"的措施，短时储能仅作为辅助性和补充性手段。

思维误区	正视在储能问题上的思维误区。"十四五""十五五"新增新型储能仍以短时储能为主，促消纳和保供应作用有限，采用日调节运行方式的抽水蓄能也存在类似情况。
配置顺序	配置短时储能只能作为"最后辅助手段"。应综合考虑经济性和"饱和效应"，多元化合理配置灵活调节资源，特别是对新能源比重较高的"三北"地区，建议优先考虑不存在显著"饱和效应"的措施。
未来出路	加快大容量高安全长时新型储能技术研发，形成跨能源品种、跨能量形态的长时储能技术支撑体系，适应电力系统中高比例新能源发展需求。

中远期补齐灵活调节资源短板，需引入跨能源品种调节资源，以助力满足电力系统不同时空条件下调节需求

主要利用与电力系统紧密关联和互动的其他能源品种及系统的物理可存储、时空可转移、形态可转换的特征，发挥其已经存在但尚未挖掘的或通过改造可利用的调节特性，考虑技术成熟度、经济可行性以及用户意愿等因素，预计中远期跨能源品种调节资源潜力有望达到 1 亿 ~ 3.4 亿千瓦，可满足 10% ~ 30% 电力系统各类调节需求。

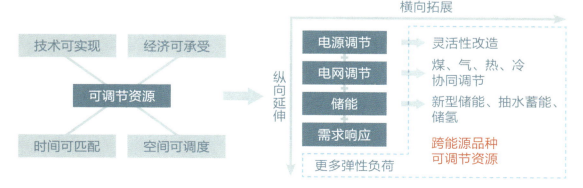

图 7-15　跨系统灵活调节资源延展维度

27

因地制宜分类施策

各省区资源禀赋差异显著，系统条件各有特点，解决新能源"立"的问题，要因地制宜、分类施策，打好消纳组合拳，这是我国新能源高质量发展的题中之义。各省区新能源发展阶段先后有别，措施可应用潜力与效果不同，消纳治理难度高低各异，必须加强动态跟踪研判，着眼发现关键问题，打好措施提前量。

图 7-16　促进新能源消纳考量因素

各省区新能源发展条件存在结构性差异，消纳特点和面临问题各异，相应提升消纳水平的措施也宜因地因时施策，避免"一刀切"现象。 结合重点省份新能源利用率水平提升情况，考虑需求侧响应、火电灵活性改造、新型储能、省间互济等措施应用效果差异，以及就地、就近、外送等不同消纳范围，分类型分析消纳问题并提出措施建议。

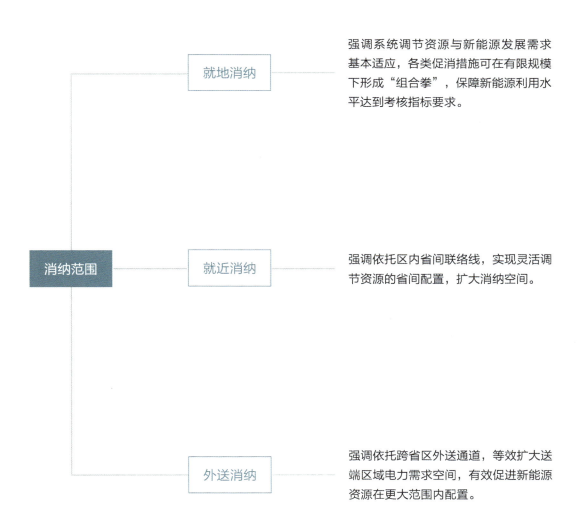

图 7-17　不同新能源消纳范围特点

面向 2025 年，各省区新能源发展特点各异，解决消纳问题亟须有的放矢，根据不同地区新能源渗透率特点和促进消纳措施的关键手段，**整体划分为五大典型地区，**即消纳形势良好型、**外送消纳规模敏感型、多元促消措施敏感型、省间互济依赖型、风光发展比重敏感型，因地因时制宜、打好措施组合拳。其中，风光比重优化调整可以作为其他类型的补充共用治理措施。**

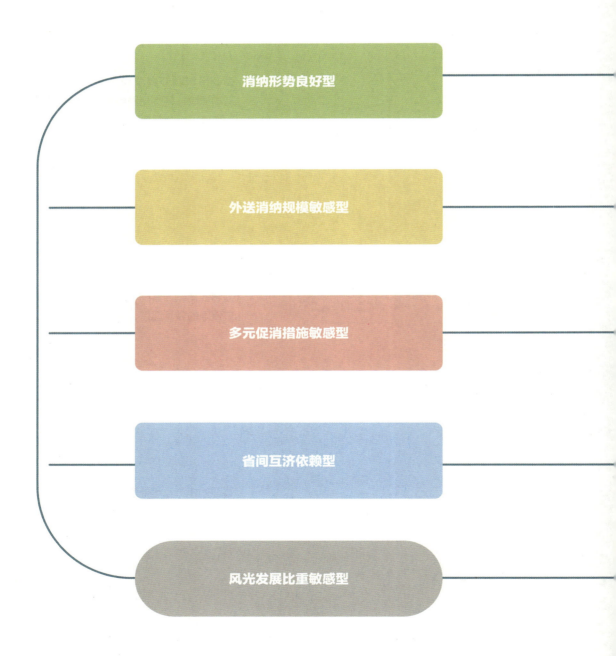

新能源消纳形势良好，无需额外措施利用率可较好控制在 95% 以上，该类型地区新能源渗透率一般较低，在 20% 以下。

以东中部地区为代表，电力需求高，新能源消纳空间相对充裕，按照正常发展节奏预计"十四五"期间新能源利用率仍可保持在较高水平。

典型省份：华东全部，华中、东北以及西南大部分省份。

新能源渗透率极高，且缺乏省间互济条件，要通过增加外送通道方式解决消纳问题，该类型地区新能源渗透率一般为 40% ~ 70%。

考虑到本地消纳空间增长有限，且省间互济等手段潜力有限，要解决消纳问题必须依托外送拓展消纳市场。同时对该类型地区可考虑优化利用率管控机制，适当降低利用率考核目标，因地制宜研究合理利用率。

典型省份：西北部分省份。

新能源消纳存在一定问题，但通过提升系统灵活性仍可经济高效地将利用率提高到 95% 以上。该类型地区新能源渗透率一般为 20% ~ 35%。

新能源利用率情况不理想，但通过挖掘火电灵活性改造、需求侧资源并适当增配储能等措施，可以有效提升新能源利用率至 95% 左右。但同时要注意短时储能存在的"饱和效应"。

典型省份：华北典型受端省份、西北部分省份。

新能源渗透率较高，灵活调节措施潜力有限，难以通过技术经济可行手段将利用率提升至 95%，可通过省间互济等方式解决消纳问题，该类型地区新能源渗透率一般较高，为 35% ~ 45%。

考虑火电灵活性改造、需求侧资源、储能等本地系统调节资源潜力挖掘达到上限，可依靠电力市场开展送受端现货交易，或以临时省间互济等手段进一步提升利用率。

典型省份：东北部分省份。

新能源渗透率不高但利用率较差，"光大风小"特征明显，午间时段新能源消纳压力尤为突出。

受资源条件、开发模式等影响，部分地区规划光伏装机远高于风电装机，新能源弃能突出表现为在午间光伏大发时刻聚集特征，可结合系统消纳能力动态调整规划风光比重，实现新能源发电量和利用率同步提升。

典型省份：华北、华中光风装机比值较高的省份。

捌

统筹减排与成本之路：
公平、协同、可承受

推动更经济、可持续的能源转型

我国经济社会高质量发展需要稳定合理的用能成本。中国式现代化道路下，实现"双碳"目标必须充分考虑经济承受能力。新能源发电本体逐步进入"平价上网"时代，但能源转型整体成本和新能源系统成本呈快速上升趋势，仍缺乏有效疏导渠道，这不利于平稳可持续的转型。要充分发挥市场在资源配置中的决定性作用，通过有效市场和有为政府相结合，统筹好减排与成本的关系，实现转型成本的公平分担和及时传导，更经济地推动能源电力低碳转型。

28

"双碳"转型须算经济账

低碳转型发展、实现更高安全水平的发展需要付出一定代价，近中期电力供应成本将由于新能源系统成本增加而波动上升，远期"双碳"转型成本与电力系统脱碳程度正相关，中国特色能源电力"双碳"转型之路必须算好经济账。转型成本的疏导，公平及时是要求，价格机制是途径，有效市场与有为政府相结合是方法。

"没有免费午餐"这一俗语是经证明的定理（No Free Lunch Theorems，由 IBM 阿尔玛登研究中心的 Wolpert 和 Macerday 于 1996 年提出）。针对能源电力"双碳"转型，意味着在一定技术条件和体制机制下，安全性、清洁性和经济性三个目标难以同时实现。

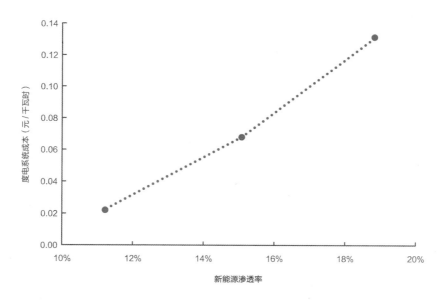

图 8-1　不同渗透率下新能源系统成本变化趋势

新能源系统成本：为适应新能源随机性和波动性需要系统付出的额外成本，包括灵活性电源投资/改造成本、系统调节运行成本、大电网扩展及补强投资、接网及配网投资四类。

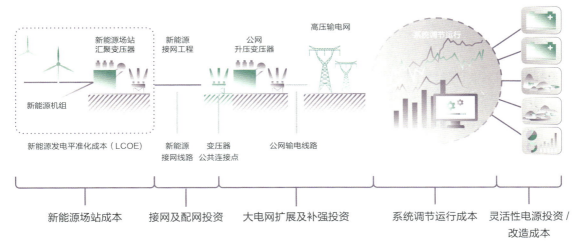

图 8-2　新能源系统成本的组成

电力供应成本近中期波动上升。为满足新增用电需求和"双碳"目标，各类电源尤其是新能源高速发展，电力投资将保持较高水平。未来新能源本体成本随技术进步和规模效应不断降低，但测算表明新能源渗透率超过 15% 后，系统成本（不含场站成本）进入快速增长临界点，预计 2025、2030 年新能源系统成本分别是 2020 年的 2.3 倍和 3 倍。上述因素共同推动供电成本波动上升，从整体看，预计 2030 年电力供应成本较 2020 年提高 18% ~ 20%。

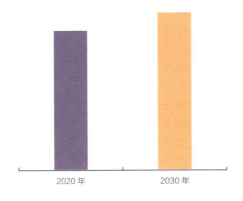

图 8-3　电力供应成本变化趋势

转型成本与电力低碳转型力度成正比。不同的电力系统脱碳力度下，对非化石能源发展规模、新型储能、CCUS 等技术需求也不相同。电力行业减排力度和承担减排责任越大，需要付出的转型成本就越高。初步测算表明，2060 年电力系统实现 −6 亿吨排放情景下，规划期电力供应成本较电力系统零碳排放情景提高 17% 左右。

走好中国特色能源电力"双碳"转型之路，要着力破解减碳与经济承受力的矛盾，必须立足长时间尺度，深刻把握碳减排与成本变化的关系及其动态变化趋势，强化顶层设计、实现合理疏导，从统筹减排责任与历史周期、开辟新增长空间和探索新模式新业态等更高站位谋划破解，走出一条经济社会可承受的能源低碳发展之路。

> **电力"双碳"转型成本具有公共属性，需要向受益主体公平分担、及时传导。**从发展目标角度理解，向经济社会提供绿色环保可持续的电力，是支撑全社会碳减排的重要举措，对应的成本投入属于公共服务成本，需要全社会公平分担。

> **"双碳"发展具有"正外部性"特征，**即通过减少经济社会发展的资源、环境、气候代价，使社会群体广泛受益，社会共同承担发展成本符合公平负担原则。

> **从发展效益角度理解，**"双碳"发展具有"长尾"特征，即能够带动"低碳能源 +"技术、材料等新兴领域大规模发展，形成新的经济增长动能，而非即期效益，需要将未来部分收益拿到前期以覆盖成本。

关键是围绕价值发现，完善价格机制，统筹发挥有效市场、有为政府作用，来有效疏导电力"双碳"转型成本。

有效市场方面	………	在设计市场机制时，要统筹考虑转型过程中涉及的电力平衡、容量保障、应急备用等服务成本，通过市场机制设计反映各类服务价值，进行有效疏导。
有为政府方面	………	政策措施出台要把握节奏，有进有退。以风电、光伏为例，从提供补贴鼓励发展，到补贴退坡、新增机组平价上网，再到推动进入市场实现有效配置，政府需要在不同的阶段采取不同的引导措施。
科学认识成本上升问题	………	深入研究，积极宣传，深化社会各界对电力供应成本上升趋势认识，引导正确合理认识新能源大规模发展带来的代价。

29

新能源从保障消纳
转向市场配置

市场机制建设需要提高对发展新型电力系统的适应性。我国电力市场仍不完善，着眼成本疏导要重点关注新能源参与市场和支撑各类电源功能定位转变两大市场机制。

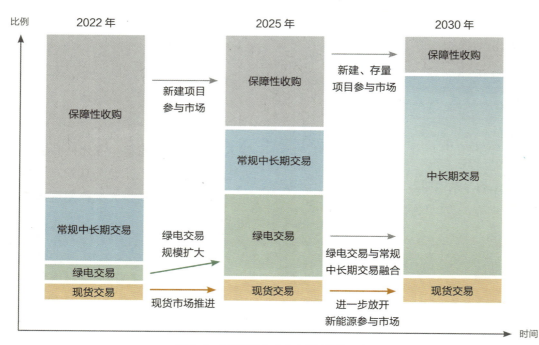

图 8-4 新能源参与电力市场的趋势示意

机制一
新能源参与市场机制：从"保障消纳"转向"市场配置"

着力提升电力市场对新能源的适应性和包容性。一方面要充分反映新能源发电边际成本低、系统消纳成本高的经济属性，另一方面要考虑其波动性、随机性较大的物理特性带来的系统成本，通过设计合理市场机制，促进新能源高效消纳并承担合理调节义务，构建有利于新能源健康可持续发展的电力市场体系。

消纳责任方面，合理确定并逐步降低可再生能源保障利用小时数，推动风电、光伏进入市场。 合理强化各地可再生能源消纳责任，鼓励通过跨区域市场、省内市场等多元渠道消纳。

角色定位方面，逐步强化新能源承担系统调节义务，逐步提高新能源参与市场偏差考核、承担辅助服务和调节义务等要求。完善新能源打捆交易机制，组成平衡单元参与市场。

探索分布式电源市场化交易组织方式， 明确参与主体、交易周期、交易平台等，促进分布式电源灵活消纳。通过合理收取系统备用费等方式疏导系统成本。

完善绿电市场机制，扩大绿电交易规模， 建立更加精细的中长期交易机制，推进中长期交易向更短周期延伸、向更细时段转变，加大交易频次，探索带曲线的绿电交易模式，适时建立基于配额的强制绿电交易模式。建立健全绿电标识体系，提升用户主动消费绿电意愿。

加强全国统一市场建设，扩大绿电消纳范围。 充分发挥大电网、大市场优势，通过市场机制优化促进由输送电量转变为双向调节、余缺互济和大范围电力电量平衡。

机制二
支撑各类电源功能定位转变的市场机制：保障各类保供调节电力资源生存

改进市场机制，充分反映保障性和灵活性电力资源价值。加快建立适应高比例新能源的辅助服务市场机制，不断丰富交易品种、优化组织方式和费用分摊机制，以市场方式发现调节资源价值，激发系统灵活调节潜力。

稳步推动容量市场建设，逐步建立涵盖惯量等广域充裕性资源的容量成本回收机制。煤电等保供资源角色发生转变，利用小时数逐步下降，且需要投入技术改造、装配 CCUS 设施等成本，需要通过容量市场保障生存、扩大成本回收渠道。随着新能源对传统同步电源的替代，系统惯量资源、调节资源逐步稀缺，探索在容量市场中引入惯量、灵活资源等交易品种，或在出清过程中考虑惯量和灵活调节能力充裕性约束，以在规划阶段引导充足的广域充裕性资源容量投资。

广域充裕性：充裕性内涵延伸至保供、惯量和灵活调节能力，且呈现出多时空尺度特征。

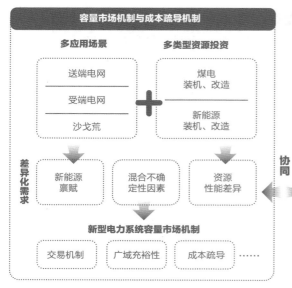
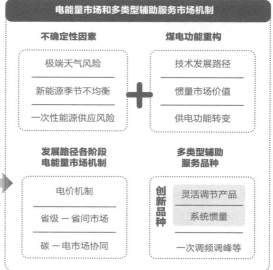

图 8-5　支撑各类电源功能定位转变的多类型市场机制

建立多元化的辅助服务交易品种，扩大保供调节资源成本回收渠道。当前辅助服务补偿收益仅占发电侧总收益的 1.5%，远低于成熟电力市场 3%～5% 的比例。优化设计调峰、调频等辅助服务品种的开展方式，创新开展快速爬坡、备用、转动惯量等辅助服务交易新品种，激发灵活性资源参与系统平衡的积极性。

统筹辅助服务市场、电能量市场、容量市场的衔接，充分反映各类资源价值，同时避免重复补偿。统筹协调辅助服务市场、电能量市场、容量市场在时序、流程、出清机制、价格机制、补偿功能等方面的衔接，实现保供调节资源各类型价值的充分挖掘和体现，并合理设计机制避免重复补偿问题。按照"谁受益，谁承担"原则，设计相关主体承担辅助服务费用。

近期	开展容量补偿试点
	● 选取受端省份或可再生能源发电占比较高的省份优先试点容量补偿机制，补偿对象为火电（煤电、气电），补偿费用向市场化用户疏导，通过容量度电价格收取，为防止过补偿对电能量市场的冲击和考虑用户承担能力，初期可采用 50% 欠补偿方式收取度电费用。
中期	根据容量补偿实施情况逐步扩大试点省份及补偿对象范围
	● 根据试点省份实施情况逐步完善容量补偿政策，扩大实施范围。随着各类主体进入市场，容量补偿对象逐步向更多主体拓展。
	区分存量、增量火电机组分别施策，存量机组延续容量补偿，增量机组采用招标形式建立容量市场
	● 对存量机组，侧重"打补丁"，将容量补偿与现货市场和利用小时结合起来；对增量机组，侧重"建机制"，推行容量招标机制。
远期	探索在容量市场中引入更多元化交易品种
	● 随着容量市场逐步成熟和新能源渗透率持续提升，在容量市场中引入灵活调节能力、惯量等交易品种，以在规划阶段即能保障系统充足的广域充裕性，避免到运行阶段出现灵活调节资源、惯量资源不足引发的安全风险。

图 8-6　容量补偿和容量市场机制

30

备足电－碳协同
政策工具箱

碳交易是利用市场机制减排的重要政策工具，也间接影响电力交易成本。我国碳市场对电力市场影响正逐步增强，要从市场空间、价格机制、市场政策、绿色认证、数据联通等角度设计我国电－碳市场协同策略。

图 8-7　电－碳市场协同策略

▌ 碳市场和电力市场相对独立又互相联系：

两个市场相对独立

电力市场和碳市场形成根源不同，市场运作相对独立。两者有各自的政策、管理和交易等体系，管理运作、交易流程等截然不同。电力市场属于需求驱动性市场，交易标的主要是电能量，实时运行要物理交割，开展年度、月度、日前、实时等周期的连续交易。碳市场属于政策驱动性市场，交易标的主要是碳配额以及衍生品，具有金融属性，可不连续交易。

有共同的市场主体

目前，火电企业同时参与碳市场与电力市场，两个市场通过共同的市场主体相连。火电企业是两个市场的重要主体，在碳市场中占据主要份额，通过其发电行为和交易决策将两个市场关联起来。火电企业综合考虑两个市场的供需及价格走势、自身的碳排放水平和配额分配情况等，在两个市场中作出最优决策。

主要通过价格相连

电力市场化条件下，碳价能够向电价传导，同时电价也会反向影响碳价。一方面，碳价会增加火电企业成本，体现到电力市场报价中，影响出清结果，进而影响交易价格。另一方面，电力市场供需情况和价格变化会影响火电发电量，电量增减影响碳配额购买需求，进而影响碳价水平。

共同促进可再生能源发展

电力市场和碳市场在减排目标上具有一致性，从不同方面体现环境价值属性，共同推动能源电力低碳转型。 电力市场通过可再生能源配额制、绿证等政策机制体现可再生能源的环境价值属性。碳市场将碳排放转化为控排企业内部经营成本，导致火电度电成本增加，进而提高可再生能源竞争优势。

我国碳市场对电力市场影响逐步增强。国外发达国家的电力市场与碳市场建设相对成熟，碳价可通过电价有效传导，两个市场衔接顺畅。与国外不同，我国火电仍占较大比重，且电力市场仍处于发展阶段，碳价和电价短时期内难以有效传导。未来钢铁等其他行业纳入碳市场后，我国在企业碳核算时会纳入使用电力所产生的间接碳排放，用电量和用电结构对碳排放量核算结果会产生直接影响，将推动电－碳市场耦合度更加提高。

▌ 我国电 — 碳市场五方面协同策略:

市场空间协同

策略一 碳配额分配空间及行业基准线制定要有利于电力行业发展。考虑煤电托底保供的支撑作用和减碳降碳技术进程,配额分配不宜过紧,要实现平稳转型、安全降碳。

策略二 碳市场配额分配对于应急保障电源需特殊考虑。对于承担应急保障作用及影响电力系统安全稳定的火电机组,需要给予充足的碳排放配额或不纳入强制控排企业范围。

价格机制协同

策略一 完善针对未放开上网电量、未参与市场主体的碳价传导机制,体现公平分担原则。部分地区燃煤发电因考虑发用电计划匹配、应急保供等,难以全部放开,需要单独设计碳价传导机制。

策略二 建立碳成本传导的配套补偿机制,避免碳成本在电力领域传导而过高推升终端电价。同步可考虑采取征收碳税或碳价附加等方式,收取的资金专门用于用户补贴或资助减碳项目。

策略三 优化电 — 碳市场利益分配格局,在不同利益主体之间实现共赢。火电企业通过参加调峰、爬坡、惯量等辅助服务增加收入,新能源企业可开发 CCER 项目并在碳市场中获得收益。

市场政策协同

策略一 电 — 碳两个市场在目标任务、建设时序、引导市场主体行为改变等方面加强统筹协调。形成目标清晰、路径明确的顶层设计和发展时间表、路线图。

策略二 加强碳市场政策和可再生能源发展机制(配额 + 绿证交易)协调。各省火电碳配额总量与可再生能源配额总量目标要相匹配。可再生能源超额消纳量、绿证交易和 CCER 交易之间要避免交叠重复激励和考核。

绿色认证体系联通

策略一　建立统一规范的绿证认证与交易体系。推动以物理消纳作为用电侧完成绿色电力消纳的主要途径，建立绿证二级交易市场，促进绿证价值流通，实现余缺互济。

策略二　探索绿证作为用户侧间接碳排放核算的凭证。随着钢铁等高耗能企业进入碳市场，若用户购买绿色电力，在其用电量碳排放核算中，可以绿证为凭证抵扣用电碳排放。

策略三　探索 CCER 和绿证两种体系的信息联通。绿证和 CCER 交易是两个并行运行的市场，绿证可为 CCER 项目发电量、减排量核证提供数据凭证。

数据联通

策略一　联通两个市场的交易数据。利用电力交易数据支撑碳排放监测、核算等工作，也利于两个市场在总量规模相互匹配。

策略二　联通两个市场的信用体系。两个市场共同主体的信用信息可以联通，如碳市场履约情况可作为电力市场主体信用的评价项。

策略三　联通两个市场的市场力监控信息。电力市场和碳市场中具备市场力的主体一般具有一致性，两个市场的市场力情况可相互提供参考。

玖

碳治理现代化之路：
体系工程

助力实现物质文明和精神文明
相协调的现代化

中国特色能源电力"双碳"之路要求在不断夯实能源转型物质基础的同时，持续加强能源领域软实力建设，助力实现物质文明和精神文明相协调的现代化。实现"双碳"目标要求经济发展与环境承载力相协调，走绿色低碳、利益共享的可持续发展道路，关键需要推动碳治理理念、模式和目标等多层面的现代化转型升级，不断增强碳治理的系统性、整体性和协同性。这没有现成经验可以借鉴，需要以软实力建设为主线，在摸索实践中总结把握规律。

31

发展能源电力软技术体系

实现碳达峰碳中和是一个复杂的系统性工程，包含多重目标与多重约束。对于系统性工程，软技术通过处理系统组成要素之间及系统和环境之间存在的依赖、竞争、关联等复杂相互作用，促成系统元素产生集体行为从而解决某项问题或实现某项功能，为坚持系统观念、推动实现高质量发展提供了科学的手段和方法，对于走好中国特色能源电力"双碳"之路来说不可或缺。

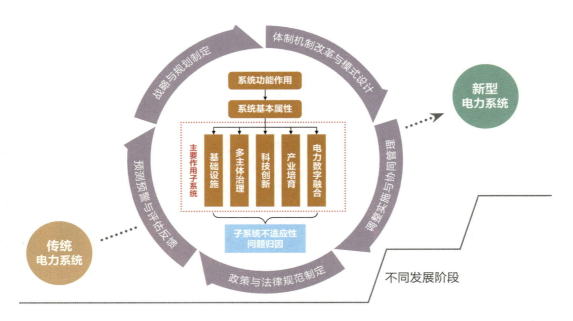

图 9-1　新型电力系统软技术体系框架

在以系统方式存在的客观世界中，软技术以其特有作用影响系统要素，使系统效能最大。

软技术在人类经济社会活动中一直发挥重要作用，并随着复杂系统的涌现而愈显关键。 全球进入工业化以来，分工协作关系日益繁杂，人口、资源与环境等复杂经济社会问题不断涌现，软技术逐步以科学化的方式被认识和利用，并被各国所重视。

软技术已成为综合国力和软实力的核心表现。 我国软技术发展主要源于为各级各类决策提供科学依据，表现出显著的中国特色。虽然目前我国软技术发展与欧美发达国家存在一定差距，但要清楚认识到，**中国共产党领导下我国社会主义制度非凡的组织动员能力、统筹协调能力和贯彻执行能力是我国发展软技术的独特优势**，在面对复杂系统问题时，我国较西方国家将拥有更加丰富的技术选择与路线。

从历史视角来看

从国家视角来看

从行业视角来看

从重大工程实践来看

软技术发展具有独特性和时代性，重心始终是解决行业主要矛盾，且对硬技术创新具有重要支撑引领作用。 从发展看，软技术不仅解决了电力行业生产管理、系统规划计划、电价水平确定等诸多实际问题，还有效支撑引领了特高压、三代核电等重大科技创新。

软技术是推动决策、组织、管理和执行全流程高质量协调运转的关键。 软技术在不同工程中发挥作用的重点领域有所不同，对于建设新型能源体系、构建新型电力系统，软技术将在凝聚共识、整合系统资源、实现全环节协同等方面发挥重要作用。

软技术通过对复杂经济社会活动中发现的共性规律和启示经验进行有意识的利用和总结，形成了解决关键问题、促进行业高质量发展或推动重大工程建设的规则、制度、机制、方法、程序等可操作体系的集合。在系统工程视角下，软技术主要表现为以下五种作用类型：

■ **一是战略与规划制定，**在系统的既定结构不能实现其功能需求或目标任务时，通过制定相对全面长远的发展计划，自上而下调整确定系统结构，推动其实现特定功能。

■ **二是体制机制改革与模式设计，**在系统内部物质、能量和信息等资源因受限制或总量不足无法完全满足系统建设需要时，通过变革系统要素之间的组织制度激发系统组成要素的潜能，或借助具有吸引力的模式激发环境中主体参与系统建设的动力。

■ **三是调整实施与协同管理，**在系统内部资源利用效率不高或分配不合理时，通过改变系统组成要素之间的结构关系或运行方式提升资源利用效率，或通过改变资源在系统不同组成要素之间的分配方式加强要素配合，实现整体的综合与集成。

■ **四是政策与法律规范制定，**在系统组成要素间关系发生比较大的变化波动或不同要素间建立新的联系时，通过制定针对性的政策或法律、标准等规范对组成要素的行为进行限制、引导，形成相对稳定的秩序。

■ **五是预测预警与评估反馈，**在系统发展面临较大不确定性或系统外部环境变化较快时，通过对系统发展情景的预测分析和对系统发展现状的功能评估，为调整系统发展方式，推动系统不断适应外部环境变化提供参考。

对于新型电力系统这一巨复杂的系统性工程而言，构建软技术体系，需遵循"系统功能定位 — 系统演化分析 — 系统问题辨识 — 软技术体系构建"的基本逻辑。首先，准确把握时代背景和行业特征，明确新型电力系统在经济社会发展中的功能定位；其次，从新型电力系统的系统功能定位出发，分析系统结构形态演变，确定系统演化过程中呈现出的基本属性；然后，围绕系统工程中的若干子系统开展辨识，分析子系统的结构与功能是否满足系统工程整体建设需要，分析阻碍系统工程及子系统功能实现的主要问题，选择对应的软技术作用方式；最后，初步形成 [子系统问题集 × 软技术作用形式] 的"矩阵式"软技术体系框架，在实践中不断迭代。

软技术体系框架矩阵

软技术作用方式	子系统 1	子系统 2	……	子系统 n
战略与规划制定	软技术 A_1	软技术 A_2	……	软技术 A_n
体制机制改革与模式设计	软技术 B_1	软技术 B_2	……	软技术 B_n
调整实施与协同管理	软技术 C_1	软技术 C_2		软技术 C_n
政策与法律规范制定	软技术 D_1	软技术 D_2		软技术 D_n
预测预警与评估反馈	软技术 E_1	软技术 E_2		软技术 E_n

系统功能定位 → 系统演化分析 → 属性需求 → 系统问题辨识 → 问题归因 选择软技术 → 软技术体系构建

迭代反馈

图 9-2 构建软技术体系的基本逻辑

加强能源电力软技术体系"专业化、科学化、学科化"发展的整体思路，结合具体领域提出针对性的实施路径。 对于新型电力系统软技术体系，其实施的基本框架为贯通重大需求征集、软技术规划、重大软技术攻关、多场景示范应用的全流程，以人才队伍建设为重心，加强制度体系、组织体系和能力体系三方面保障体系建设，促进新型电力系统软技术学科体系建立健全。

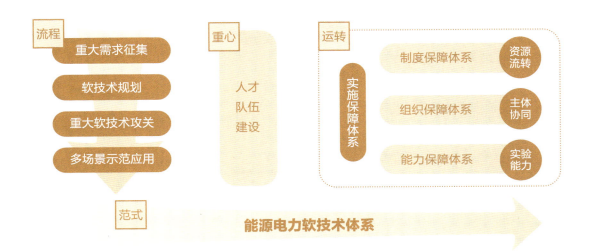

图 9-3 专业化、科学化、学科化能源电力软技术体系实施路径框架

32

构建贯通多方主体责任链条

目前我国生态文明建设已进入了以降碳为重点战略方向、推动减污降碳协同增效、促进经济社会发展全面绿色转型、实现生态环境质量改善由量变到质变的关键时期，需要提高治理体系和治理能力现代化水平，更加注重综合治理、系统治理、源头治理。由于控制化石能源利用是碳治理的主要手段，构建碳治理体系成为实现能源治理和气候治理协同的重要抓手。

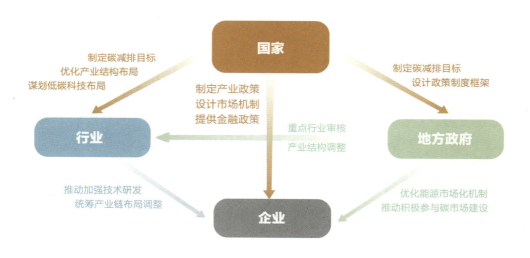

图 9-4　多方主体责任链条

碳减排是一种特殊的公共物品，涉及多主体协同决策，各方合作难度大。碳排放既是环境问题，也是发展问题，不同利益主体在实现碳减排过程中应受到公平对待。面对有效性、协同性和公平性等挑战，需要构建现代化的碳治理体系、提升碳治理能力，解决好绿色低碳转型与其他公共事务治理的矛盾，推动绿色低碳转型成为社会共识，并通过建立健全约束和激励机制实现转型过程与高质量发展的统一。

碳治理的本质是通过制定或优化气候变化相关制度、政策和法规，以最小化的治理成本、可持续化的治理方式、对不同利益的统筹兼顾实现碳减排目标。我国国家制度和国家治理体系的独特显著优势为构建碳治理体系提供了坚实的基础。

> 坚持全国一盘棋，
> 调动各方面积极性，集中力量办大事

"1+N"政策体系构建完成，从国家层面到各地方、各行业层面，层层部署碳达峰碳中和的相关政策和措施，目标明确、分工合理，有效贯通了国家、地方、行业和企业的多方主体责任链条。推进"双碳"工作，必须坚持全国统筹。在系统性布局的基础上，可遴选代表性区域优先开展"双碳"综合示范，丰富地域试验田，为全国同类型区域提供可复制推广的技术方案，以点带面推动绿色低碳发展。

国家层面 做好顶层设计，紧扣目标分解任务，指导和督促地方及重点领域、行业、企业科学设置目标、制定行动方案。积极谋划绿色低碳科技、产业的国家战略布局，为地方引导产业结构调整、行业统筹技术布局、企业加强科技攻关指引方向。

地方层面 根据国家指导方针，因地制宜，推动能源、产业结构调整，着力推动重点领域和企业节能降碳，加速形成企业低碳转型倒逼机制。

行业层面 根据国家整体布局，统筹协调全产业链减排目标，加强行业技术创新，综合应用相关政策工具和措施手段，推动产业结构调整、行业绿色发展。

企业层面 加快技术升级，挖掘自身减排潜力，积极参与市场。

**坚持全面依法治国,
建设社会主义法治国家**

**坚持以人民为中心的发展思想,
不断保障和改善民生**

"双碳"目标的实现离不开社会主义法治体系的保障,一方面可以确保"双碳"目标具有刚性约束,增强相关政策制度的稳定性和可预期性,另一方面可以平衡"双碳"目标实现过程中出现的利益冲突,充分保障不同参与主体的合法权益。

良好生态环境既是最公平的公共产品,也是最普惠的民生福祉。实现"双碳"目标需要以人民为中心,贯彻以"绿水青山就是金山银山"理念为代表的习近平生态文明思想,在满足人民美好生活需要的前提下,实现社会经济发展与资源环境消耗的脱钩。

**坚持把社会主义制度和
市场经济有机结合起来**

我国是世界上规划力、执行力最强的国家之一,也是全球规模最大、最具活力的市场。在实现"双碳"目标过程中,既要"有效市场",又要"有为政府"。处理好市场与政府的关系,要使市场在资源配置中起决定性作用,发挥市场机制、市场主体的力量,同时也要更好发挥政府作用,强化宏观政策调节,支持和引导市场规范有序发展。

坚持经济发展和低碳转型并重，既不以牺牲环境为代价发展经济，也不搞运动式减碳影响经济运行安全。

处理好整体和局部的关系，统筹规划碳减排整体性和阶段性目标。

一

二

我国正处于推动实现"双碳"目标的关键阶段，需要持续提升碳治理能力

三

四

实现政策和市场的双轮驱动，充分发挥政府在碳治理中的引导和保障作用，同时积极探索以市场化方式降低碳治理成本。

积极参与全球气候治理，坚定维护多边主义，共同应对气候变化挑战。

33

有序推动"双控"制度变迁

党的二十大报告提出，完善能源消耗总量和强度调控，重点控制化石能源消费，逐步转向碳排放总量和强度"双控"制度。这是"双碳"目标下国家宏观调控方式的重大变化，关系到国家战略、经济布局、"双碳"路径规划、市场设计、央地关系等各方面。能耗"双控"与碳排放"双控"两种模式既有紧密联系，也各有侧重点和作用特点，制度变迁过程对治理提出了很大挑战，需要做好顶层设计，开展系统性的理论研究和创造性的实践探索。

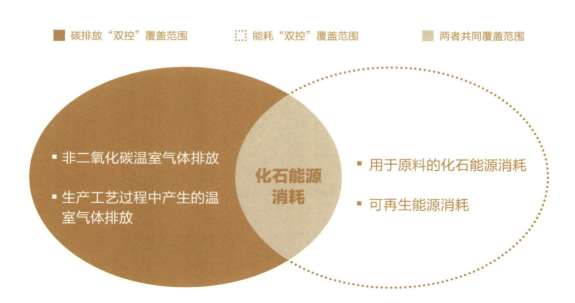

■ 碳排放"双控"覆盖范围　　　┊ 能耗"双控"覆盖范围　　　■ 两者共同覆盖范围

- 非二氧化碳温室气体排放
- 生产工艺过程中产生的温室气体排放

化石能源消耗

- 用于原料的化石能源消耗
- 可再生能源消耗

图 9-5　碳排放"双控"和能耗"双控"覆盖范围

能耗"双控"向碳排放"双控"制度转变具有推动绿色发展内在一致性，但由于协调"经济 — 能源 — 环境"三者关系的宏观调控方式的改变，也意味着其背后经济增长与要素投入关系将发生调整。

第一
需要关注调控抓手的转向

能耗"双控"重在推动能效提升，促进产业结构升级与优化；碳排放"双控"则重在控碳，在用能排放上就是控制利用化石能源。

实现碳达峰后，随着碳排放在我国经济发展所需基本环境要素中稀缺性的进一步突出，控碳的焦点性和全局性位置将凸显。

第二
需要保持调控格局的连续性

保证宏观调控方向、节奏、力度的有效衔接，避免在个别地区、个别行业出现大起大落的错配。**要保证统筹发展与安全基本调控格局的连续性。** 较长时期内，保障能源安全是我国经济社会发展面临的现实挑战，节能优先仍是最佳方针。要避免因能源消费总量管控的退出形成"敞开口供应"的误导，造成新能源发展节奏失序，进而影响能源安全，应有制度性地保证实现能源先行于经济发展。

要保证促进经济高质量发展力度的连续性。 未来在一定生产力水平下，产业升级压力将由用能问题向碳减排问题转移，存在进一步倾向加大绿电利用而将升级压力向能源低碳转型转移的可能。不合适的"双控"制度过渡方式一定程度上会影响经济高质量发展预期。要科学推进能耗强度控制与碳强度考核控制的衔接，充分发挥能源强度控制提升产业能效的作用，通过碳强度控制进一步调整用能形态及优化产品碳足迹。

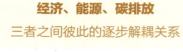

图 9-6　经济、能源、碳排放解耦过程

因此，依然要发挥能耗强度控制作用，从能耗"双控"到碳排放"双控"过渡过程中可考虑"多控"局面，具体过渡期设计与策略选择需要综合考量 2035 年和 2040 年关键转折时间节点以及脱钩背后深层次的原因。

开展碳排放"双控"指标顶层设计需处理好三个关系

■ **一是需要处理好经济布局与碳排放"双控"指标地方布局的平衡关系。**碳排放"双控"指标在地区间的分配、调整优化是服务构建新发展格局的重要调控手段。碳排放权也是发展权，东西部地区发展阶段不同，对碳排放空间和指标要求也不同。东部地区产业转型升级并将部分产业向西部转移，实现经济增长与碳排放逐步脱钩。西部地区利用绿电承接产业转移并逐步减少经济增长对碳排放增长的依赖。碳排放"双控"在地区间的分配本质是地区间经济协同发展、协同降碳，以及相应能源资源的优化配置关系。

■ **二是需要处理好行业间协同减碳与地区间协同减碳的平衡关系。**碳配额分配是顶层设计问题，涉及行业和地方两个维度。碳配额在行业间的分配及碳市场作用的发挥，调整着行业间碳达峰碳中和进程；碳排放"双控"指标在地区间分配调整影响着地区间梯次碳达峰与碳中和进程。从全国来看，行业的碳达峰碳中和路径与地区碳排放"双控"指标分配各有功能，协同作用下能够实现对规模总量与结构、布局的最优配置。行业主体和地方主体的特点各异及责任不同，协同的交汇点聚焦于地方，统筹协同的重要基础是要处理好一个地区内生产力水平、产业结构、碳排放"双控"指标、能源发展水平等的关系，关键是能够通过制度设计动态实现从地区指标间不平衡（不足/充裕）到再平衡的过程。

■ **三是需要处理好碳排放"双控"调整方向、力度与能源转型路径间的同步平衡关系。**碳排放"双控"将进一步促进能源低碳转型，推动包括新能源在内的可再生能源更多被使用。能耗"双控"向碳排放"双控"转变，将带来能源"安全性 — 清洁性 — 经济性 — 共享性"的多目标统筹挑战。因此，需要预判潜在的安全风险、成本上升压力，通过动态协调、同步优化尽量释放平衡空间，避免能源转型成为碳指标调控过程中的追随者和兜底者。在安全刚性约束、碳达峰碳中和有一定优化空间、用能成本弹性不大的局面下，需要设计并走好中国特色能源电力"双碳"之路，推动能源发展在支撑经济高质量发展中向兼具提供安全可靠用能和环境容量的更多元功能方向迈进。

34

抓住电力平均排放因子
"关键之钥"

使用电力平均排放因子核算电力消费隐含的碳排放，确定各类主体的碳排放责任，可以从生产侧和消费侧同步发力推动碳排放降低。合理准确计算不同层级电力平均排放因子对于提升我国碳治理能力来说至关重要。

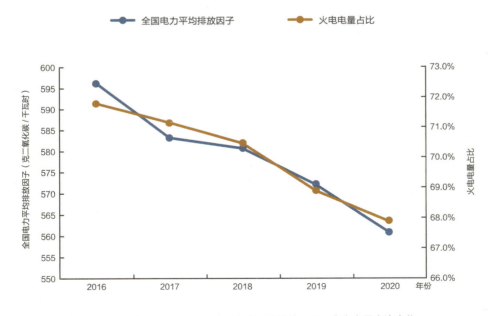

图 9-7 2016－2020 年期间全国电力平均排放因子及火电电量占比变化

"电力平均排放因子"是核算电力用户碳排放的重要参数，较目前国内外学术和政策文件中多使用的"电网平均排放因子"的表述而言更加科学全面。

一方面

电力系统中的碳排放主要来自火力发电，并不是来自电网传输，"电网平均排放因子"容易让社会公众误认为对应电网运行实际产生的单位电量二氧化碳排放。

另一方面

"电力平均排放因子"是一定时间和地理范围内发电量的单位电量二氧化碳排放，其数值的降低需要电力行业发输配用全环节共同努力，使用"电力平均排放因子"的表述能够凝聚共识，推动各方形成合力。

我国结合温室气体管控对象与管控目的需要，在发展中形成了多种类型、用途不一的电力平均排放因子。

（为保持与国内政策文件的一致性，对于已发布的电网平均排放因子，仍沿用相关表述）

表 9-1　我国五类电力平均排放因子情况

排放因子名称	核算目的	适用主体	适用场景	数据年份
全国电网平均排放因子	碳排放	企业	全国碳市场企业核算履约边界电力间接排放	2015 年 2021 年 2022 年
试点碳市场电网平均排放因子	碳排放	企业	碳市场试点地区企业核算电力间接排放	—
区域电网平均二氧化碳排放因子	碳排放	企业	1. 企业计算法人边界电力间接排放 2. 曾经用于计算 2013－2015 年八大重点行业补充数据核算报告的电力间接排放	2010 年 2011 年 2012 年
		地区	3. 地区编制温室气体清单时计算电力调入（调出）排放	
省级电网平均二氧化碳排放因子	碳排放	地区	1. 地区编制温室气体清单时计算电力调入（调出）排放 2. 在各级政府碳强度下降目标考核中计算电力调入（调出）排放	2010 年 2012 年 2016 年
区域电网基准线排放因子	减排量	项目	CDM/CCER 项目计算减排量	2006－2019 年

来源：中创碳投《如何正确计算电力间接排放》。

当前正值我国碳排放统计核算体系加速完善期，CCER 项目尚未重启、产品碳足迹核算与评价的实践基础还较为薄弱。为此，需要聚焦满足不同应用场景下准确核算电力间接排放的需求，结合我国电力行业特点开展不同层级的电力平均排放因子计算。从实际情况来看，目前国内电力平均排放因子尚不适应碳排放统计核算体系建设需要，主要表现在以下三方面。

一是数据更新频率低。2017 年，国家发展改革委发布了 2015 年的全国电网平均排放因子，并一直沿用至 2021 年末。生态环境部于 2022 年 3 月发布的《企业温室气体排放核算方法与报告指南 发电设施（2022 年修订版）》和 2023 年 2 月发布的《关于做好 2023－2025 年发电行业企业温室气体排放报告管理有关工作的通知》中连续对该数据进行了更新。区域电网平均二氧化碳排放因子仅公开了 2010－2012 的年度数据；省级电网平均二氧化碳排放因子仅公开了 2010、2012、2016 年三个年度的数据。由于我国电力供应清洁化程度不断提升，电力平均排放因子更新滞后将造成电力间接碳排放核算结果偏离实际。

二是数据覆盖区域大。理论上数据对应地理覆盖范围越小，相应的电力平均排放因子越接近单位电力实际的间接排放。随着新型电力系统建设持续推进，不同区域的清洁能源发展差异愈发显著，对应的电力平均排放因子的数值差异也将愈发明显，仅更新全国电力平均排放因子数值难以反映地区能源电力发展差异。

三是未考虑绿电交易的影响。2022 年 1 月，国家发展改革委等部门联合发布《促进绿色消费实施方案》，指出"要研究在排放量核算中将绿色电力相关碳排放量予以扣减的可行性"。由于绿电的环境属性已通过绿电交易进行了申明，基于公平性考虑，绿电交易对应电量不应纳入电力平均排放因子计算范围。

亟须结合我国电力行业特点进一步完善电力平均排放因子计算方法。

> 本书充分借鉴了《中国外购电温室气体排放因子研究》（马翠梅 著）中关于不同层级电网 CO_2 排放因子的计算方法，并在其方法基础上作出了一定的改进和创新。利用本书的方法分别对 2015 年全国电网平均排放因子、2012 年区域电网平均二氧化碳排放因子、2016 年省级电网平均二氧化碳排放因子进行了回测，并与公开发布的数据进行了比较，结果基本保持一致。但受相关数据可得性及更新限制，本书对电力平均排放因子的计算进行了不同程度的假设，对结果的精确性存在一定影响，电力平均排放因子的具体数值应以国家有关部门发布的数值为准。本书电力平均排放因子计算不包括西藏自治区、香港特别行政区、澳门特别行政区和台湾省。

全国电力平均排放因子方面， 主要受火电电量占比和全国发电标准煤耗数值变化影响。2016 － 2020 年期间全国电力平均排放因子数值呈现下降趋势，与全国发电标准煤耗与火电电量占比变化趋势相同，发电标准煤耗水平的不断改善与电源结构的持续清洁化共同推动全国范围对应单位发电量排放 CO_2 的减少。

区域电力平均排放因子方面， 区域电力平均排放因子与区域发电能源结构密切相关。华北区域由于煤炭资源丰富且燃煤发电量占比较高，电力平均排放因子在各区域中始终处于最高水平。西南和南方区域由于水电资源丰富且水电发电量占比较高，电力平均排放因子相对较低，但是在国家严控中小流域、中小水电开发背景下，水电发展速度放缓，西南和南方区域电力平均排放因子在 2016 － 2020 年期间变化不明显，个别年份甚至有所上升。受清洁能源大规模开发利用影响，东北、华东、华中和西北区域发电能源结构清洁化程度不断提升，电力平均排放因子基本呈现波动下降趋势。

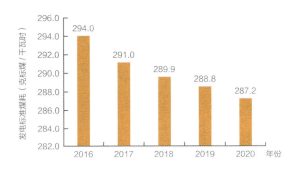

图 9-8　2016 － 2020 年期间全国发电标准煤耗变化

表 9-2　区域划分覆盖省份

区域	覆盖省份
华北区域	北京、天津、河北、山西、山东、内蒙古
东北区域	辽宁、吉林、黑龙江
华东区域	上海、江苏、浙江、安徽、福建
华中区域	江西、河南、湖北、湖南
西北区域	陕西、甘肃、青海、宁夏、新疆
西南区域	重庆、四川
南方区域	广东、广西、贵州、云南、海南

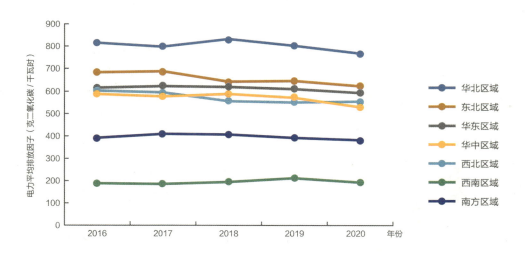

图 9-9　2016－2020 年区域电力平均排放因子数值变化情况

省级电力平均排放因子方面，不同省份电力平均排放因子数值差别较大，即使对于同一省份，电力平均排放因子在不同年份也有较为明显变化。省级电力平均排放因子数值分布和变化具有一定的规律性。电力平均排放因子较大的省份主要分布在华北区域和东北区域，电力平均排放因子较小的省份主要分布在中部、西部和南部区域。各省电力平均排放因子数值整体呈现下降趋势，其中以

青海、陕西、河南、海南、山东等省份下降较为显著；福建、河北等省份电力平均排放因子变化相对较小，主要原因是发电能源结构变化不大；四川、云南等省份电力平均排放因子数值已属于全国最低水平，同样变化不大，部分年份因控制小水电开发、降水偏少等原因电力平均排放因子较上一年份略有增加。

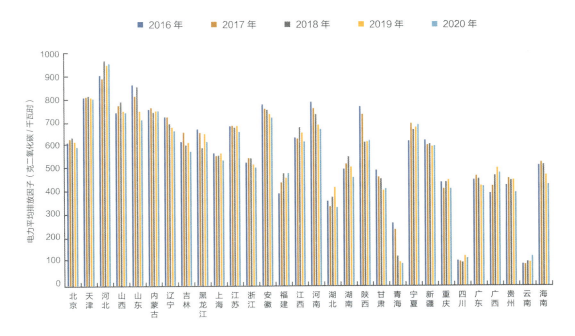

图 9-10　2016－2020 年各省电力平均排放因子数值变化情况

图 9-11　青海省 2016－2020 年发电量结构变化情况　　　图 9-12　福建省 2016－2020 年发电量结构变化情况

省级电力平均排放因子数值与同区域电力平均排放因子数值相比差距同样较大。由于各省份发电能源结构、电力调入来源和规模不同，因此即使位于同一区域，不同省份电力平均排放因子与所在区域的电力平均排放因子差距也较大。以 2019 年为例，南方区域电力平均排放因子为 393 克二氧化碳／千瓦时，云南电力平均排放因子为 99 克二氧化碳／千瓦时，仅为区域数值的 25%，而同年份广西电力平均排放因子为 502 克二氧化碳／千瓦时，为区域数值的 128%。因此，对于同一用电量，选用不同层级的电力平均排放因子会对电力间接排放核算结果产生较大影响，实际使用中应谨慎选择。

结合能源电力"双碳"路径分析，考虑近中期各省份发电能源结构变化、跨区域存量通道容量提升和新增跨区电力流，本书对 2025、2030 年全国及区域电力平均排放因子进行了展望，2030 年全国电力平均排放因子将进一步降低至 369 克二氧化碳／千瓦时，各区域电力平均排放因子呈现三大变化特征。

一是

全国除西南区域外的其他区域电力平均排放因子均呈明显下降趋势

得益于新能源大规模发展和"沙戈荒"风光基地建设，非化石能源发电量占比快速上升，除西南区域外各区域电力平均排放因子显著下降，其中以华北区域和东北区域下降最为显著，2030 年华北区域电力平均排放因子相比 2020 年下降 40.5%，同期东北区域电力平均排放因子下降 38.6%。

二是

西南区域电力平均排放因子变化不大，略有上升

一方面，由于西南区域本身水电发电量占比一直相对较高，且为了电力供应保障，区域内仍需保留一定量的火电机组，因此区域电力平均排放因子数值并未明显受到新能源大规模发展的影响。另一方面，伴随"沙戈荒"风光基地外送通道建设，西北地区向西南地区输送电量规模上升，由于西北区域电力平均排放因子数值相对较大，因此间接"抬高"了西南区域电力平均排放因子数值。

三是

不同区域电力平均排放因子的差距在减小

伴随着区域间电力交换规模的不断上升，各区域在计算电力平均排放因子时愈发接近于一个"整体"，不同区域电力平均排放因子的差距在逐渐减小。以华北区域和西南区域为例，2020 年华北区域电力平均排放因子数值是西南区域的 4.0 倍，2025 年和 2030 年分别下降到 2.9 倍和 2.4 倍。同时，东北区域、华东区域、华中区域和西北区域的电力平均排放因子数值在 2030 年较为接近。

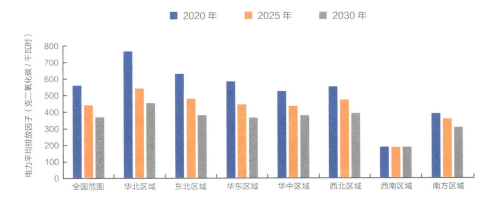

图 9-13　全国及区域电力平均排放因子 2025 年和 2030 年变化情况

35

积极参与全球气候治理

气候变化是全人类面临的共同挑战，人类要合作应对，必须坚持真正的多边主义，加强国际合作，充分发挥全球治理体系的作用。我国一直本着负责任的态度积极应对气候变化，将应对气候变化作为实现发展方式转变的重大机遇，推动构建公平合理、合作共赢的应对气候变化全球治理体系。

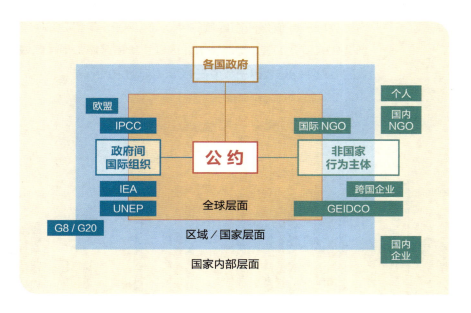

图 9-14　全球气候治理的运行机制

能源治理全球秩序与气候治理全球秩序交织影响，全球视野下的碳减排效率与公平问题突出

治理本质是一种秩序，反映了生产力与生产关系的基本规律。

全球能源治理格局是世界经济格局、国际权力结构和主要国家能源战略综合作用的结果。

在此背景下，全球气候治理的碳减排效率与公平问题愈发突出，包括不同国家排放规模、人均排放量、人均累计排放量的合理比较；不同产业结构的发展中国家的发展权分配；碳排放消费公平、资源禀赋公平以及减排承受力等问题。

当前全球能源治理以化石能源治理功能为主，深刻影响世界能源格局，并进一步对世界减排格局和全球气候治理产生影响。

全球能源治理制度的软制度性、动态网络性、多元分散性和结构不平衡性等特征，将导致一国能源战略的变化不仅会改变区域甚至更大范围内的能源物理世界，而且会影响国际关系以及能源地缘政治版图。

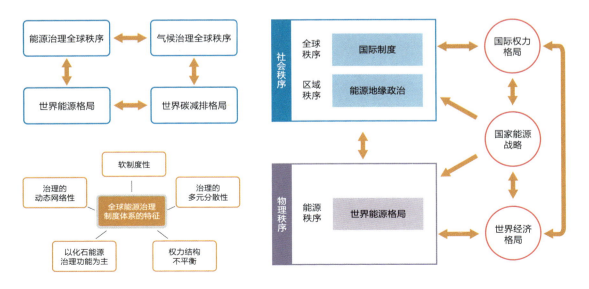

图 9-15　能源治理全球秩序与气候治理全球秩序的交织影响

"共同但有区别的责任"原则是全球气候治理的基石。碳减排作为公共物品，有存量和增量的双重性，存在"搭便车"挑战，要兼顾历史和未来，要兼顾公平与效率，要坚持"共同但有区别的责任"原则。不同于发达国家，发展中国家同时面临发展经济、改善民生、应对气候变化等多重挑战。为构建人类命运共同体，发达国家与发展中国家应携手共进，围绕资金、技术、知识经验分享等开展务实合作、承诺履行和支持兑现。

要正确认识我国碳中和与世界碳中和的关系。作为世界上主要的碳排放国家之一，我国的减碳目标与行动对全球碳中和愿景的实现具有重要作用。但同时，也需要注意到我国"世界工厂"地位意味着我国为其他国家承担了非常可观的碳排放，无论是碳排放还是碳减排都隐含承担着全球责任。我国当前的对外贸易规模和能源结构导致超大规模隐含能源净出口，约占能源消费总量的 20% ～ 30%，若扣除这部分能源消费，我国人均二氧化碳排放量将由 7 吨下降为 4.9 ～ 5.6 吨。

面对我国统筹发展与减排的客观需求，要立足资源禀赋、发展条件、比较优势等实际，要坚定走自己的路，同时要考虑未来 CCUS 等技术进步，讲好"中国故事"。富煤贫油少气的资源禀赋特点决定了我国必须长期坚持煤炭清洁高效利用，煤炭始终是我国能源安全保障的压舱石和稳定器。目前，我国已建成全球最大的清洁高效煤电供应体系，煤电机组大气污染物的超低排放标准高于世界主要发达国家和地区。面向未来，考虑国家能源安全和经济社会发展需要，在大规模发展新能源的同时，以 CCUS 技术等科技创新为依托，实现高碳能源的低碳化利用，将是走中国特色能源电力"双碳"之路的重要实践路径之一。

要超前研判我国自主创新道路面临的潜在风险挑战。碳达峰碳中和具有高技术驱动特征，百年未有之大变局下，我国在竞争全球低碳技术和产业发展制高点的"国际大考"中，必须坚决走自主创新道路。**但同时，全球碳中和愿景的实现更加需要科技的跨国合作，伴随逆全球化出现的筑墙、脱钩、断链趋势将极大增加成本、不确定性和不合作带来的潜在风险挑战。**

为实现全球碳中和愿景，需要制定能够平衡好合作、竞争、博弈等不同目的的治理机制。构建人类命运共同体，是当代中国对促进世界和平发展和全球治理提供的"中国方案"。规划建设新型能源体系，是调整优化当前以油气资源为基础的能源地缘政治格局，重塑全球能源治理秩序，推动解决我国能源安全保障问题的"中国力量"。构建新型电力系统是占领全球能源产业高地，加速调整产业结构，促进创新链、产业链、供应链、价值链迈向中高端的"中国智慧"。

附录

本书采用的模型工具

本书涉及的远期能源电力"双碳"转型路径相关展望数据，包括目前到 2060 年的终端和一次能源消费总量、碳排放、能效、电源装机发电量展望等，是编写组应用国网能源电力规划实验室自主研发的"中国能源经济环境系统优化模型"和"多区域电源与电力流优化系统 GESP"优化测算得到的。

中国能源经济环境系统优化模型

模型集成了能源需求预测、能源供给规划、环境排放分析模块，以碳排放最低和转型成本最优为目标，考虑能源供需平衡约束、能源资源约束、经济约束等，实现对能源电力行业、工业、交通业、建筑业等部门"双碳"转型路径的情景模拟。

多区域电源与电力流优化系统 GESP

GESP 以含新能源的多区域电力规划模型为核心，综合了电力需求预测、电源规划、生产模拟、政策分析等系统工具，可开展电源发展规模布局、电力流向规模、传统电源 CCUS 改造捕集规模和电力碳减排路径优化分析。

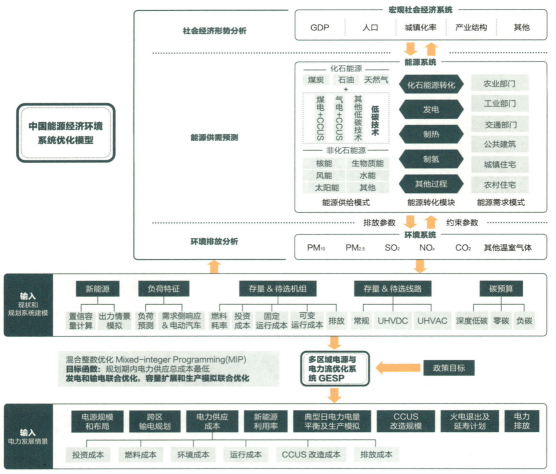

附图 1　本书采用的模型工具